中等职业教育规划教材

幼师实用文体写作范例

（第二版）

谢韶晖　陈怡莺　陈嘉华　编著

暨南大学出版社
JINAN UNIVERSITY PRESS

中国·广州

图书在版编目（CIP）数据

幼师实用文体写作范例／谢韶晖，陈怡莺，陈嘉华编著 . —2 版 . —广州：暨南大学出版社，2017.5
（中等职业教育规划教材）
ISBN 978 – 7 – 5668 – 2097 – 6

Ⅰ . ①幼…　Ⅱ . ①谢…②陈…③陈…　Ⅲ . ①汉语—应用文—写作—中等专业学校—教材　Ⅳ . ①H152. 3

中国版本图书馆 CIP 数据核字（2017）第 062149 号

幼师实用文体写作范例（第二版）
YOUSHI SHIYONG WENTI XIEZUO FANLI（DIERBAN）
编著者：谢韶晖　陈怡莺　陈嘉华

出 版 人：徐义雄
策划编辑：杜小陆　崔军亚
责任编辑：崔军亚
责任校对：高　婷
责任印制：汤慧君　周一丹

出版发行：暨南大学出版社（510630）
电　　话：总编室（8620）85221601
　　　　　营销部（8620）85225284　85228291　85228292（邮购）
传　　真：（8620）85221583（办公室）　85223774（营销部）
网　　址：http：//www. jnupress. com　http：//press. jnu. edu. cn
排　　版：广州市天河星辰文化发展部照排中心
印　　刷：佛山市浩文彩色印刷有限公司
开　　本：787mm×960mm　1/16
印　　张：11. 125
字　　数：149 千
版　　次：2007 年 10 月第 1 版　2017 年 5 月第 2 版
印　　次：2017 年 5 月第 7 次
印　　数：13001—16000 册
定　　价：36. 00 元

前　言

　　《幼师实用文体写作范例》（第二版）编撰目的是为幼儿教师和在校的幼儿教育专业的学生提供一种切合幼儿园实际工作需要，使用方便的教材。

　　本教材选取幼儿园常用的文体，从文体说明、基本格式、写作要领三个方面进行讲解，并提供幼儿园工作中的范例作参考，还配有练习以巩固所学知识，力求理论联系实际，重点突出实用性。

　　本次修订征求了教材使用学校同行的意见，保留了原有的体例，调整了部分章节的内容，把家园联系册和评语放在一起，删去了讲话稿的章节。此外，还更换了通知和家园联系册的部分范例，并把第八章"教育论文"改为"教育研究类实用论文"。第八章原由"教育小论文""观察记录""案例分析"和"叙事研究"四部分组成，第二版改为"观察记录""教养笔记"和"教学反思"，体现了教学研究的层递性，也更适合新老师学习如何进行教学研究。

　　本书可以作幼儿教育专业的语文补充教材，也可供幼儿园教师作参考。

　　由于作者水平有限，书中错误在所难免。敬请读者批评指正。

作　者

2016 年于广州

目　录

第一章　通知、启事和请假条

一、通　知

文体说明

　　通知适用于批转下级机关的公文，转发上级机关和不相隶属机关的公文，传达要求下级机关办理和需要有关单位周知或者执行的事项，任免人员等。

　　通知具有使用范围广、使用频率高、行文方向不确定的特点。从分类看，它基本可以分成五类：发布性通知、批转性通知、事项性通知、任免通知和会议通知。

　　在幼儿园工作中，一般教师最常接触到的是各种事项性通知和会议通知。而教师需要撰写的常常是事项性通知。这种通知一般用来布置任务、交代方法、传达信息、告知事项等，是一种较灵活的通知种类。

基本格式

通知主体部分的写法一般包括标题、正文、署名和日期几项内容。

1. 标题

一般由"事由"加上"文种"构成，如"放假通知""收费通知"等。

2. 正文：缘由＋事项＋结语

①缘由部分说明发文的根据、目的和意义等，可简写；

②事项部分是重点，把布置的工作或需要周知的内容分条列项地阐述清楚，以叙述为主，先主后次；

③结语部分有时会以"特此通知"等作结，但也可省略。

3. 署名和日期

在正文右下角写发文单位，下一行写日期。

写作要领

1. 通知的事项要写得具体明确

通知最大的特点是告诉人们应遵守什么事项或贯彻执行什么事项，内容要写得直接，理由、事项与应采取的措施和办法一定要写得明确、清楚。

2. 要写得切合实际

通知应写得切合实际，以便被通知的人执行。

3. 用语要得体

通知需要面向不同的人，因此它的用语往往是不同的。作为幼儿园工作者，有许多通知是面向家长的，要注意礼貌，体现尊重。现在，幼儿园都提倡"家园共建"，与家长的联系大大增加。许多幼儿园的通知在形式上也活泼起来，这样做的目的是让家长更好地参与到孩子的教育中。

范例一

秋游通知

尊敬的家长：

为了让幼儿在玩乐中领略科学的奥秘，体现亲自参与科学实验的乐趣，现定于 10 月 19 日（星期三）组织幼儿到大学城科学中心秋游。由于本次活动为亲子活动，因此每位幼儿至少需有一位家长陪同参加。每一对亲子（即一位家长和一个幼儿）的费用为 55 元（包括一人一座位的豪华空调车车费、门票、导游服务、旅游责任及意外保险等）。

行程安排：

8：45 在家早餐后回幼儿园集中

9：00 准时出发

9：30 到大学城科学中心游览

11：30 由各班老师在科学中心旁的空地组织亲子游戏，放风筝等（午餐自备）

13：30—14：00 回幼儿园

注：1. 秋游费用于 10 月 13 日前交托费时交。

2. 秋游当天膳费下月退回。

3. 如陪同家长超出一位，每人按 55 元收费。

×× 幼儿园

2016 年 10 月 9 日

点评：

这是幼儿园常用的活动通知，也是一篇事项性通知，是教师与家长联系的一种常见方式。这篇通知简短清晰，对秋游的时间、地点交代得很清楚。

范例二

2016年××幼儿园国庆放假通知

尊敬的各位家长：

您好！在这个举国欢庆的美好日子里，我们谨向所有关心、支持我园工作的家长们致以节日的问候和衷心的感谢！

根据上级通知，今年国庆放假时间安排如下：10月1日至7日放假，共7天。10月8日（星期六）、10月9日（星期日）上课。

孩子的安全和健康是家庭、学校乃至整个社会关注的焦点问题。我园也将此作为工作的重中之重。为使孩子度过一个祥和的节日，我们特作以下温馨提示：

1. 带孩子外出旅游或走亲访友时，切记"珍爱生命，安全第一"，注意交通安全，遵守交通规则。

2. 帮助孩子养成良好的卫生习惯。注意家庭与个人卫生，监督您的孩子做到勤洗手、勤洗澡、勤剪指甲。给孩子准备随身携带的手帕或纸巾，经常使用洗手液（或肥皂）和清水洗手。请教给孩子正确的洗手方法。

3. 尽量避免带孩子到人群密集、拥挤、空气污浊的公共场所。

4. 请家长和孩子参加适当的户外锻炼，增强体质，以提高自身免疫力和抗病能力。

5. 养成良好生活作息习惯，早睡早起，避免孩子长时间看电视，保护眼睛，新入园的孩子家长应提供孩子自己做事的机会，多讲幼儿园发生的事情，避免长假过后孩子的情绪不稳定。

6. 合家团圆或亲朋好友聚餐时，不要让孩子吃生、冷、硬的食品，更不要暴饮暴食。零食也不宜多吃，以免引起孩子肠胃不适。

家长朋友们，我们再次祝您及您的家人身体健康！万事如意！

××幼儿园

2016 年 9 月 20 日

点评：

这篇放假通知的标题由"时间＋单位＋事由＋文种"组成，让人一目了然。正文首先向家长致以节日的问候，然后说清楚放假的安排，语言简洁，清晰地传达了事项。接着从关心幼儿的健康和安全的角度出发，给家长一些温馨提示，中心明确，措辞温和，容易让家长接受。

范例三

××幼儿园中班家长会通知

尊敬的各位家长：

大家好！

非常感谢您一直以来对我们××幼儿园的支持与信任！为了增进家园联系，让您了解我园的教育教学工作及孩子在园的一日生活情况，我园中一班和中二班定于 12 月 13 日（星期二）下午 15：00 召开家长会，地点在各班教室，希望父母尽可能出席，谢谢合作！

××幼儿园

2016 年 12 月 6 日

点评：

这个通知时间、地点明确，交代清楚。

练习

改一改

看看下面的一则通知，指出并修改其中表达不清楚的地方。

通知

亲爱的家长：

您好！

我园于 9 月 14 日晚上进行中秋游园晚会，请您准时参加。

2016 年 9 月 11 日

完成练习

二、启　事

文体说明

　　启事的本意是公开陈述事情。它是机关、企事业单位、团体或个人，需要向公众说明某事或希望公众协助办理某事时使用的一种告白文书。

　　启事的特点是：

　　1. **公开性**

　　启事是通过各种传媒向社会广泛发布的文书，它面向大众广泛告知，任何人都可阅读、了解，无秘密可言，没有强制性和约束力。

　　2. **简明性**

　　启事要求写得简洁明了，让人一目了然。

　　3. **单一性**

　　启事的写法要求"一事一启"，内容单一具体，说明白即可，不得掺杂任何与该事项无关的其他内容。

基本格式

启事通常由标题、正文、落款三部分组成。

1. 标题

（1）由文种作标题。如"启事"，前面可加上修饰语，如"重要启事"；

（2）由内容作标题。如"招聘""征稿""招领"等；

（3）由告启人和内容组成标题，如"××幼儿园招聘"；

（4）由内容和"启事"组成标题，即"内容＋文种"，如"招生启事""寻物启事"；

（5）由启事者、内容和"启事"组成标题，如"××幼儿园招生启事"。

2. 正文

启事一般由"事由＋事项＋结尾"构成。

开头写事由，要简洁。

中间写明事项，要详细、具体。不同启事，要有不同的侧重点。比如，"招聘启事"侧重说明招聘的对象、范围、条件；而"招领启事"为了防止失物被人冒领，只对失物作大致的描述。

结尾通常写告启人的要求、希望或某种承诺，还要附上联系人姓名、地址、电话等。

3. 落款

在正文的右下角签署告启人姓名、时间。如果是单位，需加盖公章。

写作要领

1. 标题要醒目

启事标题尽可能做到简明、醒目，精练地概括出启事的主要内容和性质，以引起人们的注意。

2. 内容要简明

事由不宜过详，对特征、要求等重点要准确清楚，做到"一事一启"。

3. 用语要礼貌

启事的文字要热情、恳切，让人乐于接受。

4. 格式要严谨

标题、正文、落款要完整，位置要固定，切忌凌乱、散杂，以免因轻率而被怀疑告启人的诚意。

范例一

招领启事

本园于昨日游园会后拾到手提包一个，内装手机、信用卡等物，望失主前来认领。

地点：本园二楼办公室

电话：×××××××

联系人：陈小玲老师

××幼儿园办公室

2016 年 12 月 26 日

点评：

这则招领启事详略把握得很有分寸，对联系人、联系方式、招领地点交代清楚，而对财物方面"欲说还休"，防止了冒领，把握了主动。

范例二

征稿启事

亲爱的家长：

为更好地做好家园共建工作，分享家长在育儿方面的经验和乐趣，丰富本班的网页，本班现真诚向各位家长网上征稿。

征稿办法：

登录××幼儿园网站。

从首页进入"中班"界面。

点击"育儿乐"中的"分享"字样，即可进入上传界面。可上传育儿心得，字数不限，还可上传孩子在家的有趣图片。

十分感谢您对我们教学工作的支持和大力协助。

××幼儿园中（1）班

2016 年 12 月 10 日

点评：

这则启事传达了幼儿园新型教育的一个信息。在写法上，这则启事题目清晰、醒目，征稿的办法也清楚明了，态度真诚，语言简洁。

练习

改一改

请修改下面这则启事。

广播站招聘启事

广播站是同学们发挥口才特长的理想部门，也是同学们为学校服务的重要机构。现招聘普通话播音员9名。

要求：普通话流畅，操行优良，有合作精神，愿为学校作出贡献。

需要面试。

学校广播站

2016 年 9 月 4 日

完成练习

三、请假条

文体说明

请假条是最常用的条据，是请求准假不参加某项工作、学习、活动的文书。

基本格式

1. 标题

在正文上方的正中间，写"请假条"三字。

2. 称谓

在标题下第一行顶格写明向谁请假，即单位有关部门或领导。

3. 正文

另起一行，空两格写请假理由，请假起止日期等有关情况。结尾处常用"请批准""请予批准"等习惯用语。

4. 礼貌用语

一般使用"此致""敬礼"，也有省略不用的。"此致"空两格写，"敬礼"另起一行顶格写。

5. 署名、日期

在正文的右下角写明请假人姓名、请假日期。

写作要领

1. 正文要写清楚请假的原因

请病假一般要附上医院证明，开家长会要附上家长会通知单。

2. 言辞要恳切，有礼貌

请假条用语应开门见山，但也必须客气礼貌。

范例一

请假条

刘园长：

　　您好！我因重感冒，头痛、头晕，医生让我在家休息，所以今天不能到幼儿园上班。请您准假一天（附医院休假证明）。

　　此致

敬礼！

钟乐萍

2016 年 9 月 14 日

点评：

　　这是一张托人转交的请假条。请假理由充分，时间具体并附有医院休假证明（如果没有去看医生，又的确不舒服，需要请假的，可不附医院证明），格式规范。要提醒的是，一般应提前一天向主管请假，遇上突发事件只能电话请假的，回去上班时要补办请假手续。

范例二

请假条

范园长：

　　您好！我因孩子的学校开家长会，需要请假半天，时间是明天（10月20日）下午。请批准（附家长会通知单）。

　　此致

敬礼！

陈　萍

2016年10月19日

点评：

请假理由简单明了，时间具体并附有家长会通知单，格式规范。

练习

改一改

请假条

王园长：

　　我有急事需请假，望批准。

小一班　尤名

2016年9月20日

完成练习

写一写

你 80 岁的奶奶于 10 月 8 号坐飞机从国外回来，你要请假去接机，这请假条该怎么写呢？

完成练习

第二章　常用书信

一、求职信

　　求职信，又可以称为应聘信，是求职者写给招聘单位，请求获得工作职位的信函。

　　求职信的特性首先是自荐性。求职者与单位的负责人从未谋面，互不相识，现在要作"纸上的会见"，求职者要善于推销自己。好的求职信可以拉近求职者与负责人之间的距离，获得面试的机会多一些。其次是针对性。求职者应对单位有所了解，针对自己的实际能力和单位职位所需的要求，投其所好。正所谓："知己知彼，百战百胜。"最后是竞争性。求职是一场没有硝烟的"战争"，尤其是一些有名的公办的省市一级幼儿园，人才的竞争格外激烈，在求职信中应将你的长处淋漓尽致、实事求是地表现出来，以求在竞争中取胜。

基本格式

求职信一般由六个部分组成。

1. 称呼

这是对阅信人的称谓，一般用"××幼儿园园长"，比较庄重。

2．开头

一般私人信件的开头是问候语，求职信大可不必。开头写原因或目的。开头一定要能使阅信人有兴趣看下去。

3．正文

这是求职信写作的重点。一般包括三个方面的内容：①交代原因、目的；②介绍学历与相关经验；③阐述自己的长处和优势。尤其要注意表现自己的有关长处，突出所求职位有价值的成绩。

4．结尾

主要强调求职者的愿望与要求。比如：希望有一个面试的机会，静候回音等。然后写上"此致，敬礼"字样。

5．附件

附件不宜过多，选最能证明自己才能的资料复印件，还可以附上联系方式之类。

6．落款

署名写上"申请人×××"或"求职者×××"即可。

日期写在姓名下一行。

写作要领

1. 有的放矢

有效的求职信都具有很强的针对性，或针对公司的某一具体职位而写。特别提醒：在求职材料的封面、求职信的右上角清楚写明求职单位和求职岗位，用这种形式来强化求职的针对性。

2. 设置两个左右的兴趣点

写出你自己最关键的经历、最好的成绩、最重要的特长以及自己的愿望、心情和信心等。表明你所特有的教育背景、技能和个性特征将会为招聘单位作出特殊贡献。

3. 特长词语加黑加粗

在求职信的格式上，对需要特别强调的词语用另外一种字体打出，更能吸引招聘者的目光。

4. 加个小故事或者事例

通过这些小故事反映出你的自信、责任感、不轻言放弃等人皆推崇的品质，这正是招聘单位所需要的。

5. 逆向思维，胜人一筹

求职应聘不附和、不随俗、不从众，是有主见的表现。

范例一

求职信

尊敬的领导：

　　您好！

　　非常感谢您抽空阅读此信。我叫李仪，将在今年六月份毕业于广东艺术职业学院学前教育专业。

　　我性格开朗热情，富有爱心、耐心、细心，热爱幼教事业，在汕头市幼儿师范学校学习掌握了幼儿教学知识和技能技巧的基础上，我继续到大学学习学前教育专业。

　　在校期间，我学习刻苦勤奋，认真学习各门功课，苦练基本功，掌握了弹、唱、跳、画、讲等技能技巧，学习成绩优秀，多次获得奖学金。能熟练操作运用 Word、Excel、PowerPoint 等办公软件，也掌握了 Authorware、Photoshop 等现代多媒体教育技术软件，能进行多媒体教学。同时我也积极关注与学习教育的最新理论，如参加奥尔夫音乐教学法培训，虚心参加"华德福教育""儿童英语教学方法的理论与实践""树立正确儿童观做优秀幼儿教师"等主题的讲座。

　　除了掌握牢固的理论知识外，我也注重个人综合素质的培养与锻炼。我积极参加学校的各项活动，如校运会、艺术节等；在担任班里的团支书期间，带领全班同学参加过多项活动，由于我班同学表现突出，因此班集体被授予"优秀团支部"的荣誉称号；也曾在学生会的学习部、社会实践部担任干事，参与策划过如英语角、演讲比赛等多项活动。丰富多彩的校园活动不仅充实了我的大学生活，更重要的是锻炼了我的人际交往能力、沟通协调能力、组织能力、语言表达能力以及高效的办事能力等。

随着社会竞争的日益激烈，对人才的要求也越来越高，为了毕业后能更好地适应社会，我多次参与了社会实践，例如到广州市第二幼儿园、广东省育才幼儿园实习。在实习期间，我把学到的教育理论知识和技能，具体运用到幼儿园的教学实践中去。主动大胆组织幼儿一日生活活动；乐于与每位幼儿沟通，关心爱护幼儿；组织幼儿布置活动室环境；虚心向有经验的老师请教，不断提高自己的教学质量。充分展现了自己理论与实践相结合的综合业务水平，得到了实习单位的赞赏。

我相信——本着我的爱心、耐心、细心以及对幼教事业的热诚，我一定能成为一名优秀的幼儿教师。

请相信，您的信任和智慧加上我的热情和能力，贵园的明天将更加灿烂！

　　此致

敬礼！

李　仪

2016 年 6 月 16 日

附： **个人简历**

基本信息	姓　名	李仪	政治面貌	共青团员	相 片
	性　别	女	学　历	专科	
	出生年月	1993.8	所学专业	学前教育	
	健康状况	良好	毕业院校	广东艺术职业学院	
联系方式	联系电话	13770090639			
	邮件地址	lingling@163.com			
	联系地址	汕头市××路××街××号××房			
自我评价	☆爱心、耐心、细心、童心				
	☆真诚、热情、积极、乐观				
	☆良好的沟通协调能力、组织能力、适应能力、学习能力				
教育经历	2014年9月—2016年6月		广东艺术职业学院		
	2015年9月		奥尔夫音乐教学法培训		
	2011年9月—2014年6月		汕头市幼儿师范学校		
社会实践	2015年12月	广州市第二幼儿园实习			
	2015年10月	广东省育才幼儿园见习			
	2015年9月—12月	星海音乐厅礼仪接待			
	2014年4月	汕头市福利三幼儿园实习			
	2013年10月	汕头市经济特区幼儿园见习			
能力专长	特　长	擅长与幼儿沟通，喜欢手工制作、环境布置、画画			
	计算机水平	熟练操作Office软件和能运用Authorware、Photoshop等现代多媒体教育技术软件进行多媒体教学			
	英语水平	通过全国大学生英语运用能力考试，能熟练进行日常交流			
获奖情况	☆荣获2016届优秀毕业生奖学金				
	☆荣获2014—2015学年度优秀学生奖学金二等奖				
	☆评为2014—2015学年度"三好学生"				
	☆学生会优秀干事				
	☆荣获最佳环境布置手工创意奖				
	☆2015年参加学校运动会入场式表演获得第一名				
所获证书	教书资格证书				
	全国计算机一级MS Office证书（优秀）				
	普通话水平测试二级乙等证书				
	全国职业资格秘书中级证书				

点评：

这封求职信态度诚恳，既表现了对所求职位的渴望，又表现出自己的信心和努力的方向。所列个人材料真实、具体，有较强的说服力。语言简洁明快，礼节周到。

练习

改一改

请指出这篇求职信中存在的问题。

求职信

尊敬的领导：

您好！

首先衷心感谢您在百忙之中浏览我的求职信，为一位满腔热情的毕业生开启一扇希望之门。在此，我谨以一个应届毕业生的真实一面接受您的审阅和挑选。我叫周红，是一名即将于 2016 年 7 月毕业于北京市中华女子学院学前教育专业的学生。借此择业之际，我怀着一颗赤诚的心和对事业的执着追求，真诚地推荐自己。我热爱学前教育专业，在校期间，通过刻苦学习和广泛涉猎努力夯实自己的专业基础，提高自身的综合素质，系统学习了学前专业的理论与实践知识，对专业知识的掌握较为扎实。在教学及寒暑假实习期间，努力吸取经验，使理论与实践进一步结合，为以后的工作奠定了一定的基础。在课余时间，我还学习计算机知识，熟悉 Windows 98 操作系统，学会了使用 Photoshop、Coreldraw8 等绘图软件，熟练使用网络，能够快速地在网上查找所需要的资料，为以后的工作和学习打好了基础。我在校期间一直担任学生干部，具有一定的工作能力及组织协调能力，具有较强的责任心，吃苦耐劳、诚实、自信、敬业。我有很强的动手能力，并且脚踏实地努力办好每一件事。大学四年使我得到了锻炼，获得了成长，同时也更清醒地看到了自己的缺点和不足。我还太年轻，缺少人生阅历，更要从点滴学起，勤勉奋进，充实自我，发展自我。在课余时间，我积极参加各项社会活动。因为我深知，在现今社会中，空有理论是远远不够的，需要将所学理论应用到实际中去。过去并不代表未来，勤奋才是真实的内涵，对于实际工作我相信，我能够很快适应工作环境，熟悉业务，并且在实际工作中不断学习，不断完善自己，做好本职工作。

周　红

2016 年 5 月 18 日

完成练习

二、自荐信

文体说明

自荐信，是说明自己担任某项工作或者从事某项活动，请求对方（单位或个人）聘请、接受的一种书信。

自荐信与求职信非常类似，区别在于：自荐信较为主动，用以自我推荐，介绍个人长处，有目标地寻求职位。而求职信则比较被动，根据对方提出的一系列要求，个人选择其中适合的一种工作来提请对方予以考虑。

基本格式

自荐信一般由六个部分组成。

1. 标题

正文上方居中写上"自荐信"或"事由＋自荐信"字样。也可以不写标题。

2. 称谓

另起一行顶格写。称谓可以根据具体情况灵活掌握。例如可以写"单位＋职务＋姓＋尊称"（××公司总经理王先生）、"单位＋姓＋职务"（××幼儿园李园长）、"单位＋职务"（××公司董事长）、"修饰语

+职务+尊称"（尊敬的总经理先生）、"姓+职务"（李园长、王主任）等。

3. 正文

另起一行空两格起写。分段写正文内容。

开头，介绍自己的基本情况，例如姓名、性别、籍贯、民族、年龄、学历、政治面貌、婚姻情况、职务等，也可只写姓名、单位并附上简历表。

主体，说明自荐的理由，包括经历、学历、业务特长、经验或业绩，请求被聘任什么工作，自己胜任工作的条件，还可适当提出自己的工作、生活要求。

结尾，表明自己殷切的愿望和被聘任的决心。

4. 祝颂语

用语同普通书信。

5. 落款

署名及日期。

6. 附件

自己的联系地址、电话等。如有必要，可以附上简历表、他人推荐信以及成绩单、文凭、获奖证书、自己写的文章等复印件。

写作要领

（1）自荐信行文要简明得体，篇幅宜短小精悍。

（2）可列附件，增加信息。

范例一

自荐信

××幼儿园李园长：

　　我叫王玉兰，女，18岁，汉族，××市人。××幼儿师范学校××届毕业生。

　　我在校学习期间，成绩优良，语文、英语、音乐名列前茅。在学校独唱、独舞两项比赛中均获一等奖。在贵园实习期间也获得好评。我性格开朗活泼，乐于与人合作；我热爱幼教事业，比较全面地掌握了幼儿教育的各种职业技能，因此一定能胜任幼教工作。毕业在即，我十分希望应聘到贵园工作，实现当一名幼儿教师的愿望。

　　李园长，在实习期间得到您的帮助，我十分感谢。这更坚定了我投身幼儿教育事业的决心。如果被聘任，我将深感荣幸，一定努力工作，做出成绩。

　　恳请能及时回函或约见。

　　顺颂

教安

王玉兰

2016 年 12 月 12 日

　　又：

　　联系地址：×××××××

　　电话：××××××××××

附件：

　　1. 成绩单

　　2. 奖状

点评：

这封自荐信篇幅短小精悍。重点介绍了自荐者在学期间的长处以及留园工作的真诚要求，表达了希望留园工作的真诚态度。

练习

写一写

请你写一封自荐信，向下面这家幼儿园应聘。

招聘启事

随着我们幼儿园规模的不断扩大，需要身体健康，富有爱心和责任心，善于学习，勇于开拓，并具有良好师德风尚，业务精干的幼教老师加入我们的队伍。欢迎有志幼教事业的朋友加盟！

招聘条件：女性，大专以上学历，有教师资格证书，在音乐、舞蹈、绘画、英语、计算机等教学方面有特长。

有意者请将自荐信、简历、各类证书及身份证复印件、本人近照、联系方式寄往××幼儿园。

××幼儿园

2016 年 12 月 12 日

完成练习

三、申请书

文体说明

申请书是个人或集体向组织或有关部门、社会团体表达愿望和提出某种请求的一种书信。

申请书有以下特点：

1. 申请性

申请书是为表达愿望而写的。申请书，就是要请求对方答复，为了取得对方的批准，在申述理由中，必须写明自己的条件。

2. 单一性

一封申请书只能请求一件事，不能同时申请多件事，不可以把不同的要求写在同一封申请书中。

3. 郑重性

申请书除了表明自己的愿望外，在文字上要严肃认真，语气诚恳，千万不要玩弄辞藻，故弄玄虚。

基本格式

1. 标题

在第一行的正中，根据申请的内容标示具体名称。如"入党申请书""调课申请"等。

2. 称谓

即收信的对象。如"××党支部""××学会"等。也可以写给有关负责人，如"××园长""尊敬的园领导"等。

3. 正文

（1）阐述缘由。比如要求解决某个问题时，应说明当前的需要。如是申请加入组织的申请书，则应先写对该组织的认识，然后讲明要求加入的理由。

（2）提出请求。具体、实事求是地讲出自己的条件，写明主观上的必需和客观上的可能。

（3）表明态度。这是实现后的保证。

4. 结语

这里相当于一般书信的祝福语，或是写上一些希望批准的话。如"请领导考虑到我的实际困难，予以批准""请组织上帮助我、考验我，使我早日加入中国共产党"等。

5. 落款

先写上"申请人"三个字，再签上自己的名字。在署名之下，另起一行写上日期。

写作要领

1. 事情要真实

事情是申请书的依据，不真实就失去了依据。

2. 语言要朴实

申请书是严肃的文书，要踏踏实实、清清楚楚。文字上要求准确清晰、朴实无华，切忌东拉西扯、空泛冗长，也不需要讲大话、谎话和空话。

3. 感情要充实

申请书写作的目的是希望对方能接受。要想顺利让对方同意，就必须让对方对你的要求产生认同感。

范例一

参加会议申请

尊敬的园长：

我在《××××》期刊上发表了一篇论文，现收到期刊的邀请函，邀请我参加本月 24、25、26 日（周五、周六、周日）在深圳举办的学术论坛。我对这个会议很有兴趣，希望能从中得到新的信息，使自己的教研水平更进一步，为我园的教学改革尽一份绵薄之力。

现向您提出申请，希望您能批准我参加此次会议。我愿意个人负担此次会议的所有费用，并提前与搭档协调好班级工作。您一向很支持教师的教研工作，恳请您仔细考虑我的请求，尽早给予批示。

此致

敬礼！

申请人：林烨

2016 年 6 月 4 日

附件：

《××××》期刊第四期，有本人所发论文

《××××》期刊邀请函

点评：

申请缘由清楚，在申请参会的同时，也考虑到了费用和本职工作处理的问题，也就是说考虑到了园长的难题，这样的申请显得更为真诚。另外，在申请的同时附上了邀请函和期刊原件，使申请倚于真实依据上，容易得到园长的慎重考虑，申请成功的可能性也大了很多。

范例二

参加普通话测试补测申请

尊敬的市普通话培训学校领导：

本人是幼儿师范学校幼教专业三年级一班的学生。11 月 17 日，当本人前往贵校参加普通话测试时，钱包不慎被偷，里面的准考证遗失。因此未能参加测试，同往的班级同学均能证明。现向贵校申请给予一次补测机会，恳请贵校考虑我的实际情况，批准我的请求。

　　此致

敬礼！

申请人：严青

2016 年 11 月 19 日

点评：

　　这是一篇简单事项的申请书，题目清晰，理由阐述清楚、明了。语气诚恳，请求具体。称谓和落款都符合申请书的格式。

范例三

关于外出租借服装的申请

尊敬的园长：

　　为了更好地办好本次文艺汇演，让幼儿度过一个难忘的 "六一"儿童节，我班需要租借舞蹈服 15 套以及道具 15 件。现准备在 5 月 31 日下午 1 点外出租借服装。由于服装比较多，需要两人一起去，班上的幼儿交由李丽老师负责。敬请批准！

　　此致

敬礼！

小一班：钟婷、李敏

2016 年 5 月 27 日

点评：

　　标题清楚地显示了所申请的事项，正文阐述了外出的理由、时间、人员，清楚明了。

练习

改一改

看看下面的一份申请书，把表达不清楚的地方修改准确。

转专业申请

本人王莹，现就读于我校文秘专业一年级。我从小就喜欢小朋友，但中考的时候却一时犹豫，没有填这个志愿。现在看到幼教的同学学习那么多技能知识，十分羡慕，很希望像她们一样天天练琴练舞。请考虑我的想法吧，我会万分感谢的。

文一（一）班王莹

2016 年 9 月 23 日

完成练习

四、邀请函

文体说明

　　邀请函是团体或个人为邀请客人参加某项活动，提前向某人发出的文书。邀请函与请柬相比内容更具体。幼儿园在举行庆"六一"、贺园庆、毕业典礼等活动时都会邀请家长参加，所以邀请函是幼儿教师在工作中常接触的文体。

基本格式

　　1. **标题**

　　正文上方居中写"邀请函"或"邀请书"，也可写明是什么活动的邀请函。

　　2. **称谓**

　　首行顶格写被邀请的单位名称或个人的姓名，也可放到正文才写明邀请的对象。

3. 正文

另起一行空两格，说明举行某项活动的基本情况，邀请客人的原因、具体活动时间、地点，活动的程序及注意事项等。

4. 结尾

尾随文末或另起一行空两格写。可以是表示祝颂的话，也可以是表示邀请或盼望对方光临的语言。

5. 落款

在正文右下角，写清发邀请函（信）的单位名称或个人姓名，下一行注明日期。

写作要领

1. 有关信息要交代清楚

邀请的内容、时间、地点、被邀请者的姓名、头衔必须准确无误。

2. 措辞讲究

用语要简短、热情、文雅，宜用期盼性语言表达。突出"请"意，避免使用"务必""必须"之类带强制性的词语，不能有半点强求之意。

3. 正文应简明扼要

正文应简明扼要，时间、地点清楚明确。

4. 邀请函发出时间应在举行活动前十天

一方面表示礼貌，另一方面便于客人从容安排。

5. 注意事项应注明

如有需要注意的事项，要在"请柬"或"邀请函（信）"上适当的位置注明。如有签到卡，可随邀请函附上。

范例一

××幼儿园庆六一亲子活动邀请函

为庆祝六一国际儿童节，××幼儿园特意为宝贝们组织了一次大型的亲子活动！活动当天您和宝贝不但可以参加老师精心设计的亲子游戏，还可以游玩海洋公园内相关的游乐场所，此外小小舞台上宝贝和老师们的精彩表演也定会让您大饱眼福。

活动时间：5 月 28 日上午 8：00—10：40

活动地点：越秀公园（如遇雨天另行通知）

活动对象：××幼儿园的宝贝及家长

咨询电话：××××××××（黄老师、张老师）

如此丰富多彩的活动，您还在犹豫什么，赶快报名吧。相信宝贝一定会度过一个终生难忘的儿童节！（由于此次活动需要凭票入内，所以请您仔细填写宝贝相关资料后来园领取入场券）

××幼儿园

2016 年 5 月 18 日

报名表

幼儿姓名	班级	性别	家长姓名	联系电话

点评：

这份邀请函用语热情，表达出期盼家长和宝宝参与的热切心情，时间、地点、活动内容都交代得很清楚，而且特别注明如遇"雨天另行通知"，考虑比较周全。

范例二

毕业班邀约

亲爱的大班家长：

　　您好！小宝贝长大了，带着我们的祝福就要毕业了。孩子的第一次毕业典礼是难忘的、温馨的。让我们为他们喝彩、庆祝吧！您一定要参加呀！您要以孩子为荣，他们真的很棒耶！

　　毕业典礼时间：2016 年 6 月 25 日（周六）上午 8：30

　　毕业典礼地点：××幼儿园阶梯教室

　　您不能缺席哟！您的光临将是我们最大的荣幸！

××幼儿园

2016 年 6 月 2 日

点评：

　　邀请函中点出了活动的意义，并表达出了对孩子成长的喜悦，容易得到家长的共鸣。时间、地点都很明确。

练习

改一改

请指出下面邀请函存在的问题。

××幼儿园第一届趣味双语运动会邀请函

　　我园将在 11 月 20 星期天上午 9：00 开展第一届趣味双语运动会，如不下雨将如期举行，要是下雨将推迟到下个星期天。欢迎各位家长能将宝宝带来参加我园的活动，您和您的宝宝都可以参加，幼儿园为小朋友准备了精美的奖品。

完成练习

写一写

　　根据下面内容，请替××幼儿园给家长写一封邀请函，并说明有关事项。

××幼儿园在"六一"举办"家园同乐"亲子游园会，上午九点是开幕式演出，接着是庆"六一""家园同乐"亲子游园活动。每个家长有一张活动表，每参加完一个活动由该活动负责教师盖章。参加完所有活动后，拿活动单到园长办公室领取"六一"礼物。活动到上午十一点结束，下午放假。

活动当天孩子要穿黄色园服及便于运动的鞋子，如果天气热可戴帽子。下雨的话就取消开幕式。另外，活动当天幼儿园不派车接送，不准备早餐。

完成练习

第三章　家园联系册与评语

一、家园联系册

文体说明

　　家园联系册是一种与家长沟通的留言式手册。这种手册由教师和家长共同填写，反映幼儿在幼儿园生活和学习的情况，也反映家长对保教工作的意见和建议。写家园联系册的目的是便于教师与家长的沟通，使家长及时了解幼儿在幼儿园生活和学习的情况，配合教师做好幼儿的教育工作。

　　市面可购买的家园联系册，每个省市都有差异，但教师每周要填写的内容一般包括两个部分：一是幼儿基本情况；二是教师对家长说的话。基本样式如下：

项 目	第4周 基本情况	在园		在家	
		★	●	★	●
饮食	吃东西时细嚼慢咽，主动饮用白开水				
情绪	经常保持愉快的情绪，表达情绪的方式比较适度，不乱发脾气				
生活自理	能自己穿脱衣物、鞋袜，能按类别整理好自己的物品				
体育锻炼	主动参加体育活动，动作协调				
沟通与交往	有自己的好朋友，愿意与大家分享高兴的或有趣的事				
倾听与表达	愿意与他人讨论问题，敢于在众人面前说话				
表现与创造	积极参加艺术活动，有自己喜欢的活动形式				
兴趣与探究	对自己感兴趣的问题总是刨根问底，经常动手动脑寻找问题的答案				
教师：	家长：				

如何写好"老师对家长说的话"呢？

基本格式

1. 称谓

顶格写受文者姓名，一般写"某某小朋友家长"，或是采用较亲切的称呼"某某妈妈"等。

2. 正文

另起一行，空两格写联系原因，并请家长配合做好幼儿的教育工作。

3. 礼貌用语

一般使用"此致""敬礼"，也可省略不用。"此致"空两格写，"敬礼"另起一行顶格写。

4. 署名、日期

在正文的右下角写明班别、姓名和日期。

写作要领

　　写家园联系册是为了充分地发挥这种形式对家园沟通起的作用。它没有篇幅长短的限制，主要是为需要而写。

　　1. 抓住孩子的特点，有针对性地与家长交流

　　用具体、精练的语言描述孩子的个性特点，让家长一看就知道教师讲的是自己的孩子，感受到教师对孩子的关注。

　　2. 针对不同类型的家庭、家长，讲究交流艺术

　　如对经常填写家园联系册的家长，可多写他们关注的事；对不常写的家长，要主动跟他们加强沟通，主动将幼儿生活、学习的事情写在家园联系册上，引起家长对幼儿教育的关注；对不怎么会写的家长（如老年家长）多用形式简单的方法，如图画、表格等形式使他们逐渐学会写、乐意写家园联系册。

　　3. 多报"长处"少揭"短"

　　即使是淘气的幼儿也要努力寻找他的闪光点，要唤起家长对幼儿的教育意识和培养信心。

　　4. 对家长的不同需求给予具体的指导和帮助

　　孩子咬指头怎么办？孩子爱哭怎么办？孩子挑食怎么办？这些问题是家长经常提到的，教师要认真加以分析，将其中共性的问题和个性的问题区分开来，然后可以选择与此有关的文章或专家的一些观点，抄写下来或复印下来。共性的问题贴在"家长园地"中，个性的问题贴在相关的"家园联系册"上。并且，教师可以附上几点提示和自己的看法与家长进行探讨。

　　5. 写"家园联系册"时要真诚地与家长交流

　　要把家长视为教育合作伙伴，让家长从字里行间看出这种感情，切忌居高临下，自命不凡。向家长提建议时，态度要谦虚，还要考虑其接受能力，不要伤害家长的自尊心，以便家园双方从多角度了解孩子，并有针对地对其进行教育和帮助。

范例一

依依家长：

您好！

依依本周上课活跃多了，还能举手发言。我们也留意到依依有咬指甲的习惯。我们一发现她正在咬指甲，就轻轻地移开她的手，用其他事情分散她的注意力。如果家长发现依依在家咬指甲，还请家长留意和我们一样转移她的注意力，并尽可能多地陪伴孩子，与其一起玩耍。玩兴正浓的孩子是没有时间咬指甲的，不要打骂她呀！有时间的话，请多带依依到户外活动。

大一班老师×××

2016 年 4 月 3 日

点评：

从此例看，依依小朋友总是咬指甲，家长向老师求助。老师在家园联系册中给予回应，首先表明老师也留意到小朋友的这种行为习惯，再向家长介绍老师的做法，并提出建议。语气诚恳，条理清楚。

范例二

健健家长：

　　今天上游泳课健健好棒啊，第一个学会了打水。最近健健吃饭也快，上课也很听老师的指挥，还积极回答问题呢！希望健健以后总是这么棒。

中二班老师×××

2016 年 6 月 17 日

点评：

这个例子，老师在家园联系册中向家长反映了幼儿在园的三方面进步表现，语气亲切，鼓舞性强。

范例三

特殊孩子的家园联系册选例

沟通背景：小洁是一个比较内向的女孩，在有着二十个男孩、八个女孩的寄宿集体中，她尤为安静，语言表达能力也比较弱，常常词不达意，因此，她很少与同伴进行语言交流。开学有一段时间了，有几次周一返园时，小洁仍大声哭闹，不愿来幼儿园，这使家长和老师都十分担心。由于小洁父母经常出国，能与老师当面沟通的机会不多，老师就通过家园联系册与之进行沟通。

家园联系册内容：

亲爱的老师们：

　　小洁的语言交流能力比较弱，有时不能很好地组织语言表达自己的意愿，希望老师能耐心地引导她。我们平时也很注意她这方面能力的提高。在家里，我们常玩这样的游戏：小洁问："小洁呢？"我根据她的状态说"小洁躺在床上""小洁在吃饭"；有时我还会用唱歌的方式跟她交流。不知道她现在在幼儿园里话是不是多一些了？

小洁妈妈

2016 年 9 月 26 日

亲爱的小洁妈妈：

　　现在，小洁已能主动向老师提出一些简单的要求或表述一些想法，比如"小洁要洗手""小洁吃饱了"。正如您所说，她的语言组织能力一般，不过，别担心，我们会慢慢帮助她的。学语言需要一个环境，相信小洁在幼儿园的三年中，语言发展会越来越好。

小洁的老师

2016 年 9 月 30 日

国庆节后，小洁妈妈又向老师反馈了节日中孩子的情况：

亲爱的老师们：

　　节日这几天小洁在家过得很开心。她会主动要求出去玩，碰到小朋友也会主动打招呼。也许家里的环境比较有亲和力，所以她能很放松地与人交往。我想她与幼儿园还是有一种距离。小洁在进入幼儿园之前，曾在小区的幼儿园上过托班，一开始她也不愿意去，不喜欢和小朋友们玩，但有位赵老师慢慢与小洁成了好朋友，后来小洁主动要求去幼儿园，而且特别听赵老师的话。我很希望孩子在幼儿园的时光能成为她最快乐的时光，能使她充分感受到被关心、被尊重，从而使她的情商和智商得到良好的培养，为以后的人生之路打下良好的基础。很感谢老师对小洁的关心。

小洁妈妈

2016 年 10 月 8 日

针对家长提供的这一信息，老师们立刻召开了班组会议，制订了个别指导计划，即从小洁的情感入手，先让老师成为小洁的朋友。两周后，老师又与家长沟通：

亲爱的小洁妈妈：

您好！这两周，老师正在努力成为小洁的好朋友。睡前，老师会和小洁多说一会话；平时活动中，老师会多让她表达，再帮助她整理语句，让她复述。在今天的角色游戏中，小洁自己选择了"小菜场"。她先是对各种菜进行分类，然后大声吆喝："卖菜喽！快来买菜哟！"样子可爱极了！她的"生意"还十分红火呢！在结束后的讨论中，她还提出"菜场"里缺少"蘑菇"，所以，明天的游戏中我们还会增加"蘑菇"，让她过足游戏瘾。她今天还说在幼儿园真开心呢，但愿小洁下周仍能保持这样的状态，但愿老师和家长的共同努力能让小洁重新喜欢幼儿园。我们一起加油！在此，感谢家长的配合与理解！

小洁的老师

2016 年 10 月 18 日

老师还利用休息时间拍摄孩子们在园生活、学习的录像，让远在国外的小洁家长更直观地看到孩子在园的情况。小洁家长看到录像后发来了电子邮件：

亲爱的老师们：

在录像中，我注意到小洁总在摄像机前晃悠，而没有参加小朋友们的游戏。一个孩子最害怕的就是被人遗忘，尤其是小洁的理解力和表达力不及大部分孩子，很容易被大家忽略，我想小洁是很希望和大家一起做游戏的。我希望她某些动力上的欠缺不会成为她与小朋友交往的障碍，也希望老师能引导并鼓励她多与其他小朋友交往，帮助她克服这个障碍。我们也会多创造机会让她与外界接触。

小洁妈妈

2016 年 10 月 31 日

看到家长如此焦虑，老师立刻给家长回信：

亲爱的小洁妈妈：

近来，小洁与同伴间的交流还是比较多的。录像中，小洁的表现不是不合群，而是她对摄像机感兴趣。在后来的角色游戏中，她还用废旧材料拼搭了一架摄像机，给其他小朋友"拍录像"呢！老师绝对不会忽略任何一个孩子，尤其像小洁这样比较敏感的孩子。

对小洁来说，她与同伴交往缺少的是语言表达能力。在老师的引导下，小洁正在进步中，我们都不宜操之过急，要多给她一些时间，让她多多练习。在幼儿园里，小洁与老师和同伴沟通的机会挺多的，由于她正处在小班年龄段，"以自我为中心"的特点还比较明显，所以，我们会鼓励小洁在角色游戏中多与同伴一起交流。请家长放心，我们一定会努力帮助小洁克服这个困难的。

小洁的老师

2016 年 11 月 1 日

家长在看完老师详细的记录后写道：

亲爱的老师们：

　　谢谢老师们的细心分析和指导，我们会注意配合老师一起培养她的语言组织能力和理解能力的。本周小洁一回家，就嚷嚷要玩过家家，把小锅、小碗都取出来，玩得津津有味。在看了老师的反馈后，我们才明白小洁变化的原因，十分感谢老师对小洁的引导，我们会按照老师的指导配合去做的。

小洁妈妈

2016 年 11 月 7 日

　　在之后的家园联系册里，小洁家长又向老师反馈：

亲爱的老师们：

　　小洁近来变化真大，回到家里常常自己玩过家家，有时还扮演医生、妈妈，自言自语，话特别多。我觉得小洁的语言表达能力进步很快，基本可以表达自己的想法了，我们真高兴……但是对幼儿园的生活、学习情况，小洁和我们交流得不多，她不主动跟我们说，我们也尊重她的意愿，没有多问。不过长期这样下去也不是个办法，希望老师能帮助我们一起建立小洁的自信心，让我们一起努力吧！再次感谢这段时间老师认真负责的工作！

小洁妈妈

2016 年 12 月 31 日

点评：

　　在与小洁家长的交流中，老师感受到家园建立经常性双向沟通的重要性。家园双方只有随时互通信息，交流看法，才能全面地了解孩子的发展情况，在观念上取得共识，在行动上达成一致，才能更有针对性地解决幼儿的实际问题。

　　在小洁的案例中，家园联系册为这种经常性的双向沟通提供了很好的平台：

（1）积累幼儿日常活动资料。在本案例中，小洁的老师持续地进行观察、记录，通过对信息的及时把握与沉淀，更深刻地反思自己的教育得失，从而更客观、全面地与家长交流。

（2）协调教育策略。家长对孩子的了解是教师最宝贵的教育资源。案例中，小洁妈妈不时地告诉老师自己和孩子的交往方式、孩子过去的生活经验、孩子假期在家的表现等，以帮助教师制定有针对性的教育策略，家园互动，帮助孩子更和谐地成长。

（3）取得家长的理解和支持。老师细致的观察、谦虚的态度、诚恳的话语时时打动着家长的心，拉近了彼此的距离，促使家长更积极地参与和配合幼儿园教育。这一良好关系的建立，最终得益的是孩子。

（以上案例参考李静、徐冰：《让我们更多地了解孩子》，《幼儿教育》2005 年第 19 期）

二、评　语

文体说明

什么是评语？就是教师对学生既真实又有艺术的评价。作为幼儿园教师，我们需要把幼儿在园的情况告诉家长。因此，写好评语是每一位幼儿园教师必须学好的本领。一般来说，写评语要注意以下几个方面：

（1）以国家的教育方针为指导思想，结合平时多方位观察、了解、考查的记录，客观公正地评价幼儿。

（2）应实事求是、真实客观地反映幼儿的本来面目，不投其家长所好，只报喜不报忧，也不从个人情感好恶出发，只报忧不报喜。

（3）以正面教育为主：说优点，不使其骄躁；说缺点，不使其失信心。对幼儿，在肯定成绩的同时，适当指出不足，从严要求，勉励他们为更进一步而努力；对暂时落后的幼儿，少贬多褒，尽量发现其闪光点，对缺点也应诚恳提出改进意见和期望，鼓励上进。

（4）根据实际，先写操行等级优与差的幼儿评语，然后再写操行等级中等的评语，以期有所比较与区别，同时也应参考前一期的评语。在横比、纵比中找出每个幼儿的进步和变化，摸清脉况，以利于下一步教育的有效实施。

（5）在评语用语上要字斟句酌，做到准确、恰当，能起到激励教育。若用词刻薄，就会挫伤幼儿自尊心，引起对立情绪，带来消极影响，也不便于接班老师和家长等了解幼儿实情。

（6）要用爱意期望，以情感动幼儿，用平等说理，以理感化幼儿，从而引起幼儿觉悟，促其内化而促使进步。

基本格式

当前十分强调用第二人称来表达评语内容，并用充满爱心、饱含深情、以情带理、情理皆美的正面激励，加上妙语妙笔来写评语。

1. **改变人称，更新视点**

给幼儿写评语，不能居高临下，用教训、指责的口气，要采用对话形式，多用商量、肯定、鼓励的语言，让幼儿对教师产生亲近感，并使其心理活动处于积极状态。

2. **赏识幼儿，发现闪光**

幼儿的天真、活泼、可爱，老师要懂得赏识，并在评语中表达出来。

更应去发现暂时落后的幼儿身上的闪光点，赏识他，激发他的自信心。

3. 转换角度，写好缺点

写评语总避不了指出幼儿的缺点，老师要依据幼儿的心理特点，转换角度，委婉地指出。

4. 抓住事例，体现特点

写评语，不一定要面面俱到，首先可抓住幼儿表现的具体事例，且突出其重点来写。其次，还可以把幼儿的兴趣特长与评语内容有机地结合起来，引起幼儿心理情感的共鸣，更能发挥评语的教育性。例如：

（1）写给优秀幼儿的评语。

此类幼儿的发展较均衡，能力和成绩也较突出，但大都具有"优越感"和"满足感"。评价这类幼儿应坚持高标准、严要求的原则，在肯定优点的基础上，着重提出更高的奋斗目标，以激励其不断进取。

（2）写给中等幼儿的评语。

这部分幼儿在班上人数较多，其优缺点不太突出，成绩也多徘徊不前，但其内心都渴求上进，评语中应及时鼓励，为其添加"动力"和"催进剂"。

（3）写给暂时落后的幼儿的评语。

这些幼儿大多有强烈的自卑感，缺乏自信心，所以，他们期盼着能得到老师更多的关怀，同学更多的帮助，更希望老师能看到自己的进步，给予更多的鼓励。写评语时，应以浓浓爱意、殷殷师情侃侃说理。抓"优点"，以小见大，适当渲染；见"缺点"，尽少批评，委婉点到为止。

写作要领

1. 寓贬于褒法

发现幼儿有明显缺点或品行不端时，不是直截了当地在评语上写出来，而应当寓贬于褒中。

2. 抑昔扬今法

写评语若能灵活地运用抑昔扬今法，就能激发幼儿的积极向上，而使其不断进步。如"你原来不敢大胆发言，这学期以来已有了明显改观，能主动询问老师和同学"之类的评语，能起到明显的鼓励作用。

3. 希冀憧憬法

运用此法写评语，往往更易使幼儿看到自己的缺点，也乐意接受隐含的批评意见，明确努力的方向，激起上进心。

此外，评语还应突出以下四点：

（1）情感化。

评语应动之以情，真正达到师生交流感情的目的，语言不可呆板，语气生硬，缺乏情感。

（2）全面性。

评语不可单凭个人对幼儿的了解、印象，应参考幼儿和其他任课教师的意见，从各个方面给幼儿一个公平、全面的综合评价。

（3）针对性。

有些评语往往过于笼统，千人一面。如"你尊敬老师、遵守纪律、按时完成作业"等，这样的评语，价值不大。教师应做有心人，真正了解每个幼儿的个性特点，使幼儿通过评语能更进一步地正确认识自己。

（4）具体化。

评语不可泛泛空谈，如"你是一个优秀的幼儿""今后要继续努力"等，应具体写出在哪方面优秀、哪方面需要努力。

范例一

大班幼儿评语

豪豪，你是个活泼好动、做事认真的孩子。课堂上你能专注地听老师讲课，老师最喜欢听到你那响亮、有感情的回答。这学期你在各方面均取得了较大的进步，老师真为你感到高兴。你尊敬老师，与小朋友们能友好相处。每当别人有困难时，你也能热情地伸出友谊之手。老师希望你表现得更坚强些、自信些、大方些，成为一名勇敢的小男子汉，好吗？

可馨，你是个文静、秀气的小姑娘。上课时能较认真听讲，我们常可以听到你清脆的发言声。你尊敬老师，与小朋友们友好相处，乐意帮老师的忙，也乐于同大家分享快乐。你舞跳得很好，老师总忘不了"六一"庆祝会上你精彩的表演。经过一个学期的学习，你在各方面均取得了较大的进步。老师希望你今后能加快动作，表现得更好！

翼翼，你的眼睛充满乖巧和懂事。你每天都能微笑着来上幼儿园，并有礼貌地向老师、小朋友们问好，与小朋友们能友好相处。上课能认真听讲，每当听到你正确的发言，总令我们感到很欣慰。虽然年纪小但适应性却很强，也很有是非感。但你平时还不够活泼，老师更希望听到你欢快的笑声。得再自信些，只要努力，老师相信你会更适应幼儿园的生活。

颖颖，你是个文静、秀气的小姑娘，踏实自觉是你的特点。课堂上你能认真地听老师讲课，然后细声细气地回答问题。你的脸上总是带着微笑，对人是那么有礼貌。你尊敬老师，与小朋友们能友好相处。也很喜欢上台表演，老师总忘不了"六一"庆祝会上你精彩的表演。如果你能表现得再活泼些、大胆些，就更好了！

宏宏，你是个活泼好动、顽皮又爱说话的小朋友。课堂上常能听到你洪亮清脆的发言。通过你自己的努力，这学期你进步了很多。但你有时上课还会开小差，那可不好啊！你平时能尊敬老师，与小朋友们能友好相处。每当小朋友们有困难时，也总能热情地提供帮助。你的身体健康而结实，是个可爱的健康宝宝！老师希望你能慢慢地学会控制自己，争取更大的进步！好吗？

捷捷，你是一个聪明、机灵还带点调皮的孩子。课堂上常能听到你响亮清脆的发言。老师喜欢你那种敢想、敢说、敢问、敢辩的课堂表现，但你若是能改掉随便说话的毛病就更好啦！你尊敬老师，与小朋友们能友好相处，也能为别人提供帮助。老师希望你能更进一步，让自己变得更勇敢，成为一名棒棒的小男孩，好吗？

瑶瑶，你是个文静、不爱讲话、做事认真的孩子。课堂上能较认真思考老师提出的问题。能在课堂上听到你正确的发言，令我们很开心。你尊敬老师，与小朋友们能友好相处。这学期在各方面均取得了很大的进步。但你在幼儿园还有些拘谨，如果能再活泼些就更好了。老师希望你能多与小朋友交流，多听听别人的意见，争取更大的进步，好吗？

伟伟，你是一个聪明机灵的男孩子。喜欢开动脑筋思考问题，有一定的分析能力。老师喜欢你那种敢想、敢说、敢问、敢辩的课堂表现。你主动积极，平时乐意帮老师的忙。每当小朋友们有困难时，你总能热情地伸出友谊之手。你钢琴也学得很好，还经常给大家表演。老师希望你能发挥自己的聪明才智，更专心地听讲，争取更大的进步，好吗？

(http：//www.yejs.com.cn/HtmlLib/11279.htm)

点评：

这几则评语都能以亲切的称呼开始，使幼儿及家长都能感到自然。对每个幼儿都能写出他们的个性特点。文字充满爱心、饱含深情，能起到正面激励的效果。

范例二

中班幼儿评语

贤贤，最近你的个子长高了，本领也变大了。瞧！你能大胆地在小伙伴面前有动作、有表情地朗诵儿歌，讲述图片上的故事内容，还能不时地加入自己的想象；会动作正确地进行一定距离内的立定跳远；能小心地使用剪刀、胶水、彩笔等工具进行新年、慰问礼物的制作；老师还发现了你的一个独特本领，你就像"小博士"一样，已经认识了许多汉字……在新年即将来临的时候，老师提出一个对你的新年愿望：希望你能在课堂中和进餐时，注意适当地控制自己的音量，更加认真地参与各种活动。

龙龙，你给老师的感觉就像一只非常乖巧、可爱的小白兔。瞧！短短的头发，笑起来一副甜丝丝的样子。在这学期中，老师明显地感觉到了你的进步和成长。你学会了辨认各种交通工具，并说出它们的用途；很乐意并认真负责地担任值日生工作；能根据音乐的变化以及游戏的规则，愉快地参与音乐活动；还会按照物体的粗细差异进行排序……看到你成长的点滴，老师倍感欣喜。希望你能在今后更加大胆地表现自己，用自信的脚步走出未来精彩的每一天！

霖霖，在老师心里，你像一只机灵的小猴子，不断带给老师惊喜和欢乐；会区分三角形、正方形和椭圆形等各种图形；能大方地与人交谈，正确地运用人称代词和常见的形容词；还能根据口令节奏，精神饱满地做器械操……在小朋友心里，你是大家的好伙伴、好帮手；积极地担负值日生的工作，热心地为大家服务，乐于接受别人的建议，愿意纠正自己的缺点……那么在自己的心里呢？一定就是：相信自己，我是最棒的好宝宝！老师向你说一句悄悄话：希望你能在遇到任何困难的时候，先尝试着自己解决。最后，祝你在新的一年中再接再厉，拥有缤纷灿烂的每一天！

昊昊，Happy New Year……我们能干的小男孩！历数着每一个过往的日子，发现在你成长道路上洒下了无数珍贵点滴，成就着一年中精彩的收获。你能较好地理解简短的文学作品中的主要内容；感受两种不同性质的歌曲；会双脚在直线两侧行进跳；懂得比较厚薄、粗细，理解之间的相对关系……希望在新学期中，能够更加经常看见你积极举手，大胆地发表自己的看法，就像天上的星星一样，不断地散发出自己独特的光芒！

彬彬，新年来咯！我们的小男子汉，当你昂着头、挺起胸、继续向前走的时候，老师想说：在这学期中，你的成长带给了我不一样的惊喜和欣慰。你能正确地说出教师节、中秋节、国庆节等节日；会大胆地利用几何图形进行想象添画，表现出自己独特的想象力；会连续数下地进行拍球活动；还喜欢钻进"梦想建构城"构建着自己未来的梦想……只是，老师向你提一个小小的建议：希望你能在每次玩完玩具以后能及时地把它们正确归位并能分类整理好。最后，祝你拥有更加精彩纷呈的新一年！

安安，老师喜欢听你全神贯注地娓娓朗诵着刚刚学习的儿歌；喜欢看到你钻进"蓝猫智慧城"聚精会神地摆弄着你所钟爱的拼图；还喜欢看到你精神饱满地做着器械操，积极愉悦地参与操后游戏；更喜欢看到你认真地制作慰问卡，包装慰问礼物，为马晓可送去最贴心、诚挚的祝福……老师为你感到骄傲，好孩子！如果你能更加开心地和小伙伴们一起分享你的所有成果，这一切将会成为你永远宝贵的收获！

博文，你是老师眼中的"小电脑迷"，最喜欢钻到"电脑城"中，然后全神贯注钻研着。原来那里面也有着无穷无尽的小知识，让你依靠自己的能力学到不少的本领。不仅如此，你还能积极参加期末的复习表演活动，并大胆地评价别人的表演；能正确并整洁地完成书面操作练习；会运用多种手工材料和简单的工具参与到节日礼物制作活动中。真了不起，好孩子！希望你在今后能够自己根据天气的变化来及时增减衣物，懂得爱惜自己的身体，成为一个更加健康、强壮的男子汉！

乐乐，你经常是来无影、去无踪的样子，做事总是风风火火；平时你精力旺盛，活泼好动，喜欢参加各种体育活动；喜欢在"梦想建构城"里搭建飞机、手枪、各种交通工具；喜欢在"电脑城"里摆弄鼠标，展示自己的本领……新年伊始，希望今后你在做每一件事情的时候，都能够认真对待，坚持到底！知道吗？你的点滴成长，永远都是老师心中最宝贵的珍藏！

（http：//www.yejs.com.cn/HtmlLib/11277.htm）

点评：

该老师很善于发掘每位幼儿的闪光点，在她的眼中，每位幼儿都是可爱的、聪明的。在评语的最后，都能向幼儿提出殷切的期望，让人倍感亲切。

范例三

托班幼儿评语

轩轩，你是个聪明的孩子，会念26个英文字母，更知道班里每个小朋友的名字，可惜言如金的你总不让我们听见你动听的声音。你更是个有个性的孩子，喜欢动不动就往地上躺，帮我们"擦地板"，虽然这是爱劳动的表现，可老师希望你以其他方式来表示，并祝你新的一年健康快乐！

华宇，你是个很喜欢唱歌的孩子。老师唱歌的时候你总是很专注地听着，所以你学会了很多儿歌。你还喜欢玩玩具，如果能与小朋友一起分享玩具会交到更多朋友哦！希望你新的一年变得更勇敢、更大方！

小铭铭，你是老师的开心果，你快乐老师也快乐。看到你从学期初的哭闹着来园到现在唱着儿歌来园；看到你学会自己上厕所小便；看到你学会更多的词语，老师真的很开心。在新的一年老师祝你长得更壮，学得更多！

朋朋，你的身手非常敏捷，你的速度非常迅速，老师总是满教室追着你跑，一会赶到窗边制止你的爬窗游戏，一会扑到桌边把你从桌上抱下来，一会冲出教室把你追回来，你大大地提高了老师运动的机会。好奇的你很喜欢探索电视，总是帮老师开关电视，希望新的一年你停止对电视的探索，帮老师做其他事情，好吗？

萱萱，大大的眼睛是你最明显的特征，可爱的你得到很多人的喜欢，你的进步挺大的：会自己上厕所，会唱很多的儿歌，会流利地说更完整的话。好好加油，老师相信你在新的一年会取得更大的进步！

安志，你是个非常文静的小男孩，总是用你那双会说话的眼睛静静地盯着老师，让老师又爱有怜；你还是个爱干净的小男孩，不仅能自己吃饭，还能保持衣服及桌面的整洁，真棒！如果你遇事能用嘴告诉老师，而不是用哭声告诉老师，那会更棒哦！

雷强，你聪明活泼、可爱好动，能完整地演唱歌曲、朗诵儿歌，常常提些小问题考考老师；喜欢小朋友，但有时行为比较粗暴，而且喜欢跟小朋友玩推椅子赛跑游戏，看得老师胆战心惊，希望新的一年你改掉小缺点，不再玩危险的游戏，行吗？

晴晴，你是个活泼听话的小孩，喜欢幼儿园的集体生活，喜欢跳舞做早操，喜欢玩玩具，更喜欢看电视，只是语言发展方面进步较慢，希望新的一年你快快长大，用更完整、更流利的语言跟老师交谈，好吗？

立勋，老师为你欢喜为你忧！看到你摇头晃脑地唱歌跳舞，老师欣慰开心；看到你动不动就推打小朋友，老师伤心生气。你的进步让老师高兴，你的调皮让老师头疼，你主宰老师的喜怒哀乐，新的一年，老师希望你更乖更听话！

芊儿，聪明可爱的你总能让老师开怀大笑，你可爱的语言，可爱的表情，可爱的动作，让老师对你爱不完。这学期你的进步也挺大的：学会了很多儿歌，学会了自己上厕所，学会了自己吃饭。老师祝你新的一年身体棒棒，笑容多多！

飞飞，活泼可爱的你是个爱笑的小男孩，即使你做错事，老师在批评你的时候，你也展露那天真无邪的笑容。你还喜欢跟老师开玩笑，踩踩老师的鞋子，用小脏手摸摸老师的裤子，是你乐此不疲的游戏。新的一年希望你保持天真可爱的笑容，把同老师开玩笑的精力放在学唱歌上，好吗？

珍珍，娇小可爱的你让老师疼爱怜惜，聪明的你学会的事情可真多：能自己吃饭，能自己上厕所，能跟着老师唱歌跳舞做早操，还能有礼貌地跟老师问候与道别，真棒！老师衷心地希望新的一年你更勇敢、更大方！

可爱的梦菡，总是缺勤的你让很多老师想了又想、盼了又盼，你知道吗？老师想念你牙牙学语的天真表情，想念你充当小老师向小朋友发号施令的可爱动作，想念你听老师唱歌时的专注神情……想你，真的好想你！宝宝，下学期坚持来幼儿园，好吗？

(http: //www. yejs. com. cn/HtmlLib/11280. htm)

点评：

以上评语很全面地评价了每一个幼儿的发展情况。针对优点，能衷心地表扬；针对缺点，能委婉地指出并提出改正的方法。

练习

改一改

请指出下列评语的不当之处。

王韦涛，你是一个聪明的小朋友。但你的纪律性实在是太差了，上课不能专心听讲，活动不能遵守纪律，对老师也不尊重。此外，你多次迟到，影响了全班的考勤，希望你能改正。

完成练习

写一写

请根据下面的内容，为这个小朋友写评语。

> 熙熙是一个很调皮的小男孩，上课经常捣乱，吃饭、午睡也不规矩，家长也不配合教育。但其他小朋友却很爱跟他玩。

完成练习

第四章　会议记录

会议记录是在会议过程中，由专门的记录人员，把会议情况和会议内容如实记录下来而形成的书面材料。会议情况包括：会议的组织情况、会议的内容、与会者的发言、会议成果等。

会议记录具有原始性、凭据性、规范性和准确性的特点。记录的时候要遵循讲话的要点，即使是要点记录也要保持讲话的完整性，不能断章取义，也不得修改。另外，会议记录一般要使用统一的记录专用笺，并使用黑色墨水或签字笔进行记录，以便存入档案。

会议记录可以分为三种：

1. 详细记录

对会议的全过程，每个人的发言原话以及语态动作等，做出详细的记录。

2. 摘要记录

对发言人的讲话只记要点和重要数据，与议题无关的话可以不记。

3. 重点记录

不对会议过程和个别发言逐一做出记录，只记重要的会议事件和会议决议。

基本格式

会议记录由标题、会议组织情况、会议进行情况和结尾组成。

1. 标题

（1）会议名称＋文种的形式。如"××幼儿园2016学年上学期教师代表大会会议记录"。

（2）会议内容＋文种的形式。如"关于开展'好习惯、好孩子'主题活动的会议记录"。

2. 会议组织情况

（1）会议时间。写明年、月、日、时。一般只写会议开始的时间。

（2）会议地点。要写清楚地点，以便日后查证和回忆。

（3）出席人。可以由记录人记录出席人姓名，但大型会议常由出席者自己签到。

（4）缺席人。重要会议要记录缺席人的姓名和缺席原因。

（5）列席人。特邀列席的人员应详细记录其姓名、职务。

（6）主持人。一般直书姓名。

（7）记录员。应写清楚姓名，有多少写多少。

（8）议题。议题的写法应根据会议的通知书写，如果通知不明确，可根据主持人的开场白归纳得出。有时不止一项，应分条列出。

3. 会议进行情况

（1）主持人的开场白。这是了解本次会议意图的主要依据，其内容有这次会议的目的、内容、时间的安排、议程和活动等，应着重记录。

（2）主题报告。这是会议的核心。如果报告人有发言稿，仅记录下报告的题目，注明原文见附件即可；否则就要详细记下发言要点，或录音、速记全文，会后再进行整理。

（3）讨论发言。按照发言顺序，每个人的发言内容都要记下来。这是会议的重点部分，应认真记录。发言人不能单写姓，也不能只写职务，必须直书姓名。

（4）决议。会后所作的决定，应将其梳理概括清楚，然后分条整理出来。会议的决定有时从主持人的总结讲话中得到，有时则需要记录员根据表决归纳概括出来。

4. **结尾**

（1）结束语。在"会议进行情况"之后，另起一行空两格，写上"散会"或"休会"字样，以示会议结束。

（2）署名。在"散会"的右下方签上记录者的姓名（有多人则都要签名），然后交主持人审阅，并请主持人签名。

写作要领

1. **迅速**

要做好会议记录，迅速是主要前提。记录员不但要书写快，而且要反应敏捷，要能迅速抓住发言的要点。

2. **准确**

会议记录的准确：一是指准确地反映会议的全貌；二是要求准确地记录与会者发言的意愿。如果是详细记录，还要注意发言者的措辞、语气、风格等，尽可能都记录下来。记录不准确，就失去了记录的意义，甚至还会造成工作的损失。

范例一

××幼儿园 2016 学年下学期教研工作布置会议记录

时间：××××年×月××日

地点：幼儿园会议室

出席：×××、××、××⋯⋯

缺席：×××（外出开会）、××（因病）

列席：×××（实习教师）、×××（实习教师）

主持人：×××

记录：×××

议题：新学期教师科研和教研工作布置

新学期我园教师科研工作依然围绕四个课题，各主班教师按原先的分组继续进行课题研究，注意 12 月要进行中期汇报。

各副班教师跟教研，本学期的主题是"好孩子、好习惯"。

继续把每周五上午确定为主题活动时间，请各年级负责人在第一周内收集好各班活动计划交教学主任。

散会。

记录员：×××

主持人：×××

点评：

这是一份重点记录。标题、会议组织情况、会议进行情况和结尾齐全。会议强调了学期科研和教研的要点，其他部分则简略呈现。

范例二

音乐欣赏《喜洋洋》观摩课课后教学研讨实录

时间：2016 年 12 月 1 日

地点：大（二）班教室

出席人：授课教师姚老师及参加观摩课的本园教师

缺席：无

列席：无

主持人：张××

记录：李××

议题：对姚老师音乐欣赏《喜洋洋》一课的情况和效果进行研讨评议。

主持人：今天，姚老师就音乐欣赏内容组织了一节观摩活动，首先请姚老师就课程目标的达成、教学环节的设计、师幼互动的情况和教学效果等方面谈一谈自己的想法。

姚老师：今天的教学活动目标主要有两点。一是让儿童通过倾听、感知音乐，体验音乐的欢快、热烈；二是鼓励儿童通过动作大胆表现音乐。为什么会选取《喜洋洋》这首民乐呢？因为马上要过新年了，本班正在开展庆新年的各种活动，而这首民乐可以充分表达人们在过年时的喜庆心情。同时，我个人认为被欣赏的乐曲本身就应该是经典的、有特色的、旋律和节奏易于儿童理解的。教学设计分为三个环节：倾听、感受和表达。我认为，今天成功的地方是为儿童营造了一个敢于根据音乐把自己的感受进行充分表达的空间，儿童很热情地参与到表达的活动中。不足的地方是作为欣赏活动，我忽视了儿童听的环节，急于让儿童用动作表现，所以，进行后面的表现活动时，孩子显得力不从心。

主持人：请大家谈一谈自己看完整个过程后的第一感受。

教师1：我的第一感受是园长第一个上研讨课，我们太兴奋了，我想我上研讨课时没什么可怕的了。（大家轻松地笑了，一种宽松的氛围自然形成）

教师2：姚老师的活动能够为孩子营造一种欢快、热烈的气氛，与孩子所欣赏的音乐特点自然地融为一体，我认为教师的情感影响和乐曲本身的特点起到积极作用。

主持人：这位老师实质上提到儿童欣赏的很关键的一个环节——选曲的问题。作为儿童欣赏的介质，老师们有什么看法？

教师3：我喜欢把一些国内外名曲作为孩子欣赏的曲目。我觉得这些曲目很有特点，而且非常容易引起听的人情感上的共鸣。

教师4：我认为应该选择那些节奏明显、易于儿童理解的曲目。有一些奏鸣曲、协奏曲虽然是名曲，但由于儿童的生活经验、对音乐的理解力有限，他们可能理解不了。有些歌曲像《吉祥三宝》这样的，也可以作为欣赏曲目。歌词也是帮助儿童理解音乐的一个方面。

教师5：我觉得欣赏曲目的时间应该有一个界定，不能太长。

主持人：大家还有什么想法？

教师6：我认为姚老师的活动，让我对组织音乐欣赏活动有了信心。以前，我一直认为欣赏就是让孩子听。孩子会表达吗？今天我的看法变了，作为教师应该相信孩子。不过，我也有一个问题希望得到大家的帮助——让孩子把自己最喜欢的事用动作表达出来，每个孩子都有自己的想法，但是我发现有的孩子在用肢体表达的过程中动作不美、节奏不准，教师应该怎么办？

姚老师：对这个问题，我有两点看法：一是关于美与不美的评价问题，通常我们使用成人的评价标准评定孩子的动作、节奏美不美、准不准，但我认为，只要孩子是发自内心的自由的表达，就是美的。教师应该学会接受儿童独特的表达方式。二是对于一些程式化的肢体语言表达方式。可以在今后的活动中逐渐丰富，只要孩子对这件事物感兴趣，他的动作会逐渐变美，节奏会逐渐把握准，这不是问题的关键。

教师7：说到表达，我认为，在进行音乐欣赏活动时，可以给孩子更多、更广阔的空间，用动作表达只是一种方式。如果给孩子更多的表达空间，如绘画、手工等，欣赏的目标会实现得更好，孩子的发展空间会更大，更好地体现纲要的精神。

主持人：刚才姚老师在自评时说到，今天的活动听的环节不充分，导致儿童后面的表达力不从心。请问，您是如何发现这个问题的？

姚老师：我是从孩子的表现中发现的。不知大家注意到没有，此次欣赏活动，我只让孩子认真听了一遍音乐，其他几遍要么伴随教师的表演，要么伴随着拍手。孩子在表达时异常兴奋，却忽略了音乐的存在。我问自己一个问题，音乐欣赏活动追求的目的到底是什么。此时我想起了一位专家的话，"音乐欣赏是一门听觉艺术活动，我们在强调儿童表达、表现的基础上，不能削弱音乐欣赏本身的教育价值"。我觉得今天的活动在这个方面应该引发教师们进一步的思考。

教师8：我一直在思考一个问题：孩子们在音乐欣赏过程中确实很兴奋，可以看出孩子很喜欢音乐活动，但是总感觉发展目标体现得不充分。姚老师的回答使我有一种茅塞顿开的感觉，教师在欣赏活动中应该在如何支持儿童倾听方面多研究一些方法。

主持人：刚才，大家都谈了自己的看法，实际上涉及三个问题，音乐欣赏的价值追求，关于音乐欣赏曲目的选择，儿童表达技能的教与不教的研究。希望今天的活动能够使大家对音乐欣赏活动的开展有一个较全面的认识。同时希望通过今天的研讨抛砖引玉，能有更多、更好的欣赏活动呈现给孩子们。

散会。

记录人：李××

主持人：张××

（本记录所提到的课例见附录）

点评：

这是一份规范的会议记录，而且属于详细记录。格式规范的四大部分齐全，标题清晰醒目，会议组织情况必备的八项内容，一一记录清楚；会议进行情况、会议动态都做了详细记录。尾部结语及签名都规范。

练习

改一改

请把"范例二"改成一份摘要记录。

完成练习

写一写

　　组织四五个人的小组，以"我班如何开展本周的教师节庆祝活动"为主题展开讨论。轮流记录讨论内容，并形成一份会议记录。

完成练习

附范例二所提到的音乐欣赏课课例

活动实录

老师：孩子们，让我们来仔细地听一听这首乐曲，然后做自己喜欢的动作进教室。（提醒小朋友们第一遍认真地听，第二遍随音乐进教室）

老师：听了这首乐曲你有什么感觉？

幼儿：我听了很高兴。我想放炮。

幼儿：我听了感觉很快乐。我想跳舞。

老师：这首乐曲的名字叫《喜洋洋》，是中国非常著名的一首民乐，表现人们高兴时的喜悦心情。

老师：刚才昊昊说最高兴的事情是放炮、跳舞、骑马，你们能用动作告诉大家怎么做吗？（请孩子在前面做相应动作，其他孩子相互学习。教师站在孩子后面，当孩子遇到困难时及时给予帮助）

老师：现在，我们把刚才的动作配上音乐，按照音乐的节奏来做动作好不好？现在请小朋友猜一猜老师最高兴的事情是什么？我用音乐和动作告诉你们。（老师根据音乐的旋律和节奏，创编喝饮料的情节）

幼儿：老师在喝果汁。

老师：小朋友有没有自己喜欢的饮料？我们一起来喝一喝吧！（孩子在乐曲的伴奏下，用动作表现音乐）

老师：你们喝的是什么饮料啊？

幼儿：我喝的是鲜橙多。

幼儿：我喝的是苹果汁。

幼儿：我喝的是草莓汁。

老师：小朋友都有自己喜欢的事情，现在，请小朋友用动作表现出来吧。

（孩子随着音乐做不同的动作，表达自己对音乐的理解）

老师：现在老师最想做的事是买一份礼物，在新年的时候送给我最爱的人。猜猜老师今天买了什么礼物？是送给谁的？（老师随着音乐的旋律和节奏表演购物）

幼儿：老师的礼物送给小朋友，送给爸爸妈妈，送给好朋友。

老师：请小朋友也去购物，先想一想你准备买什么，送给谁，用动作告诉我。

（孩子结合自己的生活经验，各自随着音乐作不同的表达）

幼儿：我买的是飞机，送给爸爸。

幼儿：我买的是福娃，送给老师……

老师：我们用歌声把自己喜欢的礼物送给最爱的人吧。（幼儿演唱自编歌曲《过新年》）

第五章　计　划

文体说明

　　计划是一种在开展某项工作或进行某一行动之前，预先拟定其内容、要求、指标、措施、实施步骤和完成期限的陈述性公文。

　　具体地说，在一定时期内，为了更好地完成工作、学习等任务，需要根据党和国家的方针政策、上级的指示精神以及本单位或者个人的实际情况，提出具体的要求，规定明确的目标，制定相应的措施，把这些内容写成书面材料，就叫计划。

　　计划是个总称，人们通常说的规划、方案、安排、打算、要点、设想等都属于计划。幼儿园工作中有各种不同的计划，比如学期工作计划、月计划、周计划、活动计划（方案）等。这是幼儿教师必须掌握的应用文体。

基本格式

　　计划没有固定的格式，常见的有分条列项式和表格式，也有兼备这两种形式的。

分条列项式计划一般分为三个部分：

1. 标题

标题也就是计划的名称。写在第一行中间，字体要大一号。通常包括单位名称、计划内容、有效期限和计划种类，如"××幼儿园中班秋季班级工作计划"。

2. 正文

正文是计划的主体部分。从第二行空两格写起。分条列项式计划，正文一般都分条分项写，但条文内容并不是毫不相关的。分条的目的是为了条理清楚。一般应当包括如下几个部分。

（1）基本情况（也称"前言"）。说明为什么要制订这份计划，即制订计划的依据、上级总的要求和本单位具体情况等。这是一段概括性文字，是订计划的基础。

（2）目的与任务。即计划要达到的目标、指标和要求，具体规定要完成哪些任务，什么时候完成，数量、质量上的具体要求。目的要写得明确，任务要提得具体适当，这段文字可分条目来写，也可用小标题或段首概括的形式表述。这是计划的中心内容。要特别强调的是，目的和任务的提出应紧扣上述基本情况（前言）的内容，切忌二者脱节。

（3）措施和步骤。表明怎样完成计划，采取哪些办法，怎样利用有利条件，完成的时间、步骤和分工等，要分条分项列出，步骤要具体明确，措施要切实可行。

3. 署名和日期

在正文的右下方写明制订计划的单位（或个人）和日期。如果计划标题上已有单位名称，这里即可省略。

至于表格式计划，一般分文字说明和表格两部分，也有的无文字说明。表格，是计划的"正文"，说明文字是对表格中某些情况的阐释，如交代制订计划的客观依据和实施的方法等，两者是一个整体。

写作要领

1. 要符合方针政策

个人计划应符合单位总体计划。

2. 要从实际出发

所订计划的目标既不能过高，也不能太低。个人计划应结合本单位和本人的实际情况，提出切实可行的指标和具体做法。

3. 要注意灵活性

制订计划时对人力、物力和财力，不要满打满算，提出任务要注意适当留有余地，以防情况和条件的变化。在执行计划的过程中，如果客观情况和条件发生了变化，或者发现某些内容不切实际，要及时调整、修订，使之更加切合实际，达到预期的目的和要求。

范例一

××幼儿园中班 2016 年秋季班级工作计划

一、班级情况分析

（一）上学期工作成绩及其分析

1. 事故发生率为零

上学期我班在安全工作方面采取了一些有利措施，全学期未出任何大小事故，因而被评为全园唯一的"最佳安全班集体"。主要原因有：①教师的安全意识强，随时关注幼儿。②逐步树立起幼儿的自我保护意识，幼儿掌握了一定的自我保护方法。③班级的特色教育——体能锻炼提高了幼儿动作的协调性、灵活性等，减少了磕磕碰碰事情的发生。

2. 主题探究活动开展得更加深入

主要原因有：①教师对主题思考得较多，对主题网络考虑得较为清楚。围绕相关内容，教师收集了相当多的主题资料。②与家长的配合更密切了。一方面通过各种途径向家长宣传主题教育，另一方面对收集了资料的家长和幼儿进行表扬，使家长更深入地了解了主题活动。③幼儿随着年龄的增长，好奇心、思考问题的能力也随之增强，这使得主题活动开展得更加深入。

3. 特色教育开展得有声有色

成功地举办了班级运动会和年级运动会。本班从小班开始，便一直以体能锻炼为班级特色。幼儿的运动成绩远远高于另外两个平行班，可见特色教育初见成效。成功的原因有：①每天保证 2 小时以上的户外及运动时间。②充分利用本园得天独厚的自然环境。经常开展爬山、远足等活动，让幼儿经常与大自然亲密接触。③顺应了幼儿好动爱玩的年龄特点。让他们在玩乐当中发展了各种动作。④幼儿各种动作的发展情况有表格记录，每位幼儿的动作发展水平及时与家长进行沟通反馈，使家园能双管齐下，共同促进幼儿在动作上的发展。

4. 幼儿的体质增强了

生病率减少了，吃饭慢的问题也得到了很大改善。

主要原因有：①进行了体育特色教育，延长了户外活动时间，增强了幼儿体质；消耗体力必须补充能量，因而吃饭问题也改善了。②体育活动中注重了生活护理，及时提醒幼儿增减衣服，减少了发病率。③针对吃饭、穿衣等问题，查找了相应的专业资料公布在"家园互联网"中，从而使家长在这些方面得到了专业、科学的指导，与教师达成了共识。

5．环境创设有创意

其中包括静态环境和动态环境的创设。

（二）上学期评估情况及其分析

1．班级综合评估

上学期末我班的班级评估平均分在全园排名居中，没有获得"优秀班集体"称号。分析原因，还是老问题：学期初、学期末出勤率较低导致失分较多。

2．幼儿体检结果

我班的幼儿身高、体重年增长合格率均为100%。另外视力检查中发现部分幼儿的视力较低，这是本学期日常生活中需要注意的问题。

3．幼儿评估结果

我班幼儿的整体发展水平在三个平行班中处于居中位置，比较均衡。就班级纵向比较，幼儿动手能力普遍提高了。

（三）家长配合情况分析

大部分家长对我们的工作比较理解、认可，能积极配合我们的工作，但也有个别家长不能及时参加开放活动，总是以没时间为由，不能密切沟通。因此，本学期我班在家长工作方面还有待进一步加强，做好与个别家长的沟通工作。

二、本学期班级工作目标及工作重点

总目标：让我班成为健康的、具有活力的优秀班集体。

工作重点：

（1）培养幼儿大方、主动、自信的性格。

（2）提高幼儿的心理承受能力。

（3）提高幼儿的语言表达能力。

（4）提高并稳定每月幼儿的出勤率。

三、落实工作重点的具体措施

（一）如何培养幼儿大方、主动、自信的性格

1. 鼓励幼儿，让幼儿觉得"我行"

当幼儿遇到某些困难时，教师引导并鼓励幼儿："我相信你一定能够解决的，想想办法吧！"当幼儿解决了困难时，教师要及时适当地给予表扬，使幼儿产生一种成功感。

2. 提供自由表现的机会

每天留出一段时间让幼儿展现自己的能力，根据每个幼儿的不同特点，让一些幼儿在集体面前进行表演。每个星期可提供 1～2 次机会与其他班的老师和幼儿一起沟通。

3. 家长的密切配合

教师对家长进行家庭教育指导，如建议家长在家里来了客人时，趁机鼓励孩子与客人交流，并学做小主人招待客人，这样能促使幼儿变得大方、自信。

（二）如何培养幼儿的心理承受能力

（1）当教师发现幼儿不能勇敢地面对挫折时，及时指导并及时与家长沟通。

（2）经常与心理承受能力弱的幼儿进行个别谈话。

（3）与家长密切配合。告诉家长，当幼儿犯了错误，该包容的就包容，该批评的就批评。

（三）如何提高幼儿的语言表达能力

1. 多听

让幼儿多听一些故事、散文、诗歌。

2. 多说

（1）教师平时在幼儿面前多说些比较规范的、优美的句子。

（2）多提供幼儿语言表达的机会，让幼儿能够用较流畅的语言进行表达。

3. 多引导

（1）教师及时纠正幼儿的读音，如平舌、翘舌音、边音、鼻音的区分。

（2）教师及时纠正幼儿"然后……然后……"等冗赘的口头连接词。

（四）如何提高并稳定幼儿的出勤率

（1）向家长和幼儿提出要求，不能随意请假。

（2）培养幼儿良好的学习习惯，激励幼儿学习的兴趣。

（3）引导幼儿积极参与集体活动，在活动前教师精心准备，活动中多提供幼儿自主发挥的机会，使幼儿体验到集体生活的乐趣，从而乐意上幼儿园。

（4）生活中给幼儿一定的自由度，让幼儿根据自己的喜好选择活动。

（5）多用鼓励性的语言，学会发现每一位幼儿的闪光点。赏识每一位幼儿，讲究批评的艺术。

四、家长工作

采用上门坐一坐、见面聊一聊、电话访一访、专栏看一看、家长会谈一谈、开放日了解了解等方式积极开展家长工作。

点评：

这篇计划内容具体实在，格式完整规范。能结合上学期的实际情况，制订新学期的工作计划。正文的主要部分，分条述说，条理清楚。这样的计划，便于执行，便于检查，有一定的借鉴作用。

范例二

××幼儿园大班2016年第一学期第十九周
教育教学周计划

主题名称：快乐的元旦

1. 知道元旦是新的一年的开始	
2. 通过参加新年的活动，体验新年的快乐与成长的喜悦	
集体教学活动：	活动六：过新年2（音）
活动一：新年1（语）	活动七：新年2（语）
活动二：过新年1（音）	活动八：我会长大（健、科）
活动三：谁的豆子多（数）	活动九：透过瓶子看树叶（科学）
活动四：猫捉老鼠（健）	活动十：水鸟或挂彩灯（美）
活动五：猜男孩、猜女孩（社）	活动十一：做剪纸（手工）
角落游戏建议：	4. 漂亮的铅笔盒（泥工）
1. 透过瓶子看……	5. 我长大了（自画像）
2. 猜男孩、猜女孩	
3. 新年花灯（结构）	
其他游戏：	生活卫生：
根据主题内容自己合理安排（建议进行相关的延伸活动和环境建设）	1. 天气转冷，鼓励幼儿坚持天天来园不迟到
	2. 教师翻晒被褥，搞好室内外卫生
环境： 利用自制的小饰品美化教室环境	家长工作： 1. 向孩子介绍元旦的由来 2. 和孩子谈谈过去一年的进步

点评：

这是一份幼儿园常见的表格式计划。计划就"快乐的元旦"这一主题将要进行的各方面工作做了概括式的预想，简洁明了。

范例三

中班家长工作计划

班级	中二班	幼儿人数	25人	学期	2016 学年第二学期

一、指导思想

为了做好家园沟通，共同培养孩子大方、主动、自信的性格，提高幼儿的自理能力和心理承受能力，现制订本学期的家长工作计划。

二、具体措施

（1）通过"给家长的信""电话家访""班级公告""家园联系单""家长园地"等形式，及时与家长沟通、与家长交流，及时反馈幼儿的发展情况，真正成为合作伙伴。

（2）精心组织和安排家长开放日、庆元旦等家园活动。

（3）每周根据工作重点布置家教园地，介绍幼儿教育方面的小文章，及时更换家教宣传栏，向家长宣传科学的育儿知识。

（4）认真制作家园联系单，对幼儿的优点给予肯定，对幼儿缺点的改变寄予希望。

（5）对于个别较特殊的幼儿，如娇气、自理能力较差、胆小等，可通过个别交流的方式，与家长共同寻求教育方法。

（6）每学期至少家访1次以上。

（7）对缺勤一天的幼儿打电话询问，缺勤三天以上进行家访。

三、工作指导

（1）鼓励家长撰写关于家教经验的文章，并在班级家教园地中粘贴，交流家教经验。

（2）分发问卷让家长参与调查，对幼儿园的相关工作进行评价。

四、预期效果

争取家长对我们工作的理解、认可，能积极配合我们的工作。培养孩子良好的学习习惯，激励孩子学习的兴趣。

×× 幼儿园：王艺萱

2016 年 2 月 8 日

点评：

这是一份表格式与分条列项式结合的计划。条理清晰，措施明确，便于执行、检查。

练习

改一改

×× 幼儿园暑期工作计划

一、暑假

幼儿从 2016 年 7 月 12 日至 8 月 28 日放假 7 周，8 月 29 日回幼儿园。（教师假期随学生）

干部和职工自 7 月 15 日起到 8 月 26 日放假 43 天，8 月 27 日正式上班。在假期中，教职工 8 月 5 日下午 2 点返校一次。

二、值班加班安排

在暑假期间为了保证必要工作的进行和幼儿园的安全，各单位应加强治安工作，留有必要的值班人员和办事人员坚守岗位，处理日常事务。现将值班名额和补助方法说明如下：

（1）暑假期间设总值班，负责监督检查各单位值班、加班情况和全园安全保卫工作，每天按两人计算，补助 43 天。

（2）各职员、教师因工作需要加班时，本着既保证大家有适当休息，又注意节约开支的原则，从严掌握。各部门事先报计划，经上级审核同意后，作为安排加班的依据，事后考核加班的同时要考核完成的工作任务。假期完了，按实际加班时间经各部门领导批准后给予补助。无计划，不经批准一律不予补助。

（3）各单位值班、加班时间按正常工作时间安排。

（4）白天值班、加班人员必须认真负责，坚守岗位。在值班的时间和范围内如发生事故，由值班人员各自负责，必要时根据情节给予适当处理。

假前对教职工、幼儿认真地进行安全、保卫保密纪律、公共道德教育，严格要求幼儿、教职工按期返校。

完成练习

写一写

　　根据计划的写作要求，撰写一份关于本班庆祝教师节活动的计划。活动地点在本班，活动时间为 9 月 9 日下午第二、三节课。活动的内容和形式自定。

完成练习

第六章　总　结

　　总结是通过对过去工作、学习或思想的回顾与分析，找出未来工作规律性的认识的事务文书。

　　对于总结的含义，主要应在"抓住工作回顾"和"找出未来工作规律"两方面加以理解。如果没有工作回顾，不成总结；如果总结找不出未来工作的规律或方向，也不是一篇好总结。

　　幼儿园常见的总结可以分为许多类别。如按工作阶段分，可分出月总结、学期总结、年终总结等；如按内容分，可分为保育员工作总结、教研总结、班务工作总结等。

　　但为了更好地把握总结的特点，人们一般将总结分为全面总结和专题总结两个类别。全面总结的内容涉及工作的方方面面，内容包括基本情况、成绩经验、教训缺点和今后改进意见等方面。专题总结是就某一项专门性工作写出的总结，这种总结的内容只围绕该专门工作展开，要求有一定的思想深度，找出规律性的东西。

　　总结有如下特点：

1. 经验性

总结是在自身实践后进行的。因而总结是以回顾情况为内容，总结的材料必须是自身实践的事实。任何虚报情况，夸大或缩小事实，都会使总结失去意义。

2. 理论性

总结不仅要陈述工作情况，更要作理性认识揭示。好的总结，能从自身实践活动中归纳出带有规律性的东西，从材料中提出正确的观点。这就要在正确理论指导下，对实践情况进行综合分析，把零散的、肤浅的感性认识上升为全面的、本质的理论认识，找出规律性的东西，作为未来行动的向导。

3. 简明性

总结是以第一人称为主要表达方式。要求用简明扼要的语言表达。往往作概括叙述，而不必具体描写；作简要说明，而不必旁征博引；作直接议论，而不必多方论证。

基本格式

1. 标题

总结的标题，要根据写作目的和具体内容来拟订。原则上标题要简洁、醒目，突出总结的内容。

幼儿园常用总结的标题，一般有两种：

（1）全面总结的标题。一般包含时限、内容和文种，如"2016学年上学期教学工作总结"。也可简单化，即只写内容和文种，如"个人总结""英语黄金班教学总结"等。

（2）专题总结的标题。一般比较灵活，或揭示观点，如"家园合作，拓展教育资源"，或概括内容，如"我是怎样做观察记录的"。为了使标题醒目、集中，突出主题，还可以采取正副标题结合的方式，正标题为总结的主要观点，副标题表明总结的具体范围，如"学好我们的第二语言——英语志趣班总结"。

2. **正文**

总结的正文，一般分为以下三个部分：

（1）概述基本情况。

这是总结的开头。这一部分要简要交代工作的时间、背景、事情的经过等，为下面进行分析研究提供基本情况。如某班总结美术教学活动："本学期，大班的美术特色教学活动以发展幼儿手部的细小肌肉为主要目的，锻炼孩子们使用细腻的绘画技法，在画种上也比以前有了更多的变化，现总结如下。"

为了引起读者的注意，开头可以概括主要成绩，或说明总结目的。如某教师的班务总结以概括成绩开头："一学期过去了，我班幼儿得到了较全面的发展。语言表达能力普遍得到提高，讲述时能围绕主题，有次序、连贯地讲述。幼儿不仅会评价别人，明辨是非，还初步学会了自己解决纠纷，独立性有所增强。在音乐活动中，多数幼儿都能用轻声的方法唱歌，唱歌的声音比较统一。音乐活动中能自觉遵守常规，感受力上得到了增强，听到音乐后能大胆表达自己的感受，并乐意用动作表达。以下是我们的具体做法。"

（2）介绍成绩和经验。

这是总结的主体部分，对工作中所取得的成绩和经验进行具体的阐述，并做综合分析，找出规律性的东西。这一部分内容有以下几种常见的结构方式：

第一，横式结构，也叫并列式。具体来说，它对总结的各项内容并不是按时间或阶段顺序排列，而是按性质范围排列，即把同一性质的内容归纳成一个部分。如某幼儿园的大班班级工作总结的主体结构是从班级工作管理方面、教育教学工作方面、家长工作方面、卫生保健工作方面这四个方面来总结。

第二，纵式结构，也叫阶段式。一般是把工作分为几个阶段或步骤，再分别讲述每个阶段的经验教训。如某教师的中班舞蹈教学总结，按时间把内容分为"订计划""教学实施""考核"三个阶段，逐一总结每一阶段的做法和体会。这种结构形式便于反映事物的发展过程，但要注意叙述说明要服从总结经验的需要，不能写成流水账。

（3）简述存在的问题和今后努力的方向。

这是总结的结尾部分。除为了推广而专门总结的成功经验，可以不涉及存在问题外，一般总结都要指出存在的问题和今后努力的方向。通过总结经验，弄清存在的问题和教训，才能使我们对事物有比较全面的认识，才能对症下药，把今后的工作做得更好。

今后努力的方向，是在总结经验教训的基础上，分析形势，明确方向，规定任务，提出措施，展望前景，表明决心。

3. 落款

以主要负责人的名义所做的总结，署名在标题下；若标题上出现了单位名称或负责人姓名，则可不另署名。总结日期可加括号放在标题下，也可不加括号放在文末。

写作要领

1. 要有新发现

要实事求是，在调查大量的材料中认真分析、研究，从而归纳出过去没有或与过去不同的东西来，而不能老生常谈。

2. 要找出带有规律性的东西

不能有了新发现就匆忙落笔，而应当经过反复研究和证实，找出其中能够揭示事物本质的带有规律性的东西，以指导今后的工作。

3. 既要全面，又要突出重点

要写好重点经验，不能眉毛胡子一把抓，更不能写成流水账。要有分析和概括，也要有具体的过程和情况。

4．要叙议得当

以叙述为主，叙议结合。一般在交代工作的过程、列举典型事例时，以叙述为主；在分析经验教训、指明努力方向时则多发议论。

5．语言要简洁，条理要清晰

主要成果、重点经验，要浓墨重彩，详细介绍；一般情况、次要问题，一笔带过。语言表达简明扼要，不作不切合实际的修饰和描写。条理清晰，总结一般不用倒叙、补叙等写作技巧。

6．总结四忌

一忌"报流水账"，令阅者感到"生厌"；

二忌"华而不实，空洞无物"，令阅者"不敢恭维"；

三忌"词不达意"，条理不清，逻辑混乱，令阅者感到"困惑"；

四忌"马虎潦草，字迹不清，错字病句不少"，令阅者感到"遗憾"。

范例一

学好我们的"第二语言"
——英语志趣班总结

人类已进入充满竞争与合作的 21 世纪，本世纪对儿童的智能化发展提出了更高的要求。而幼儿语言的发展将对幼儿思维能力的发展产生重大影响，幼儿期是幼儿语言发展的最佳期，合理有效地把握好这一最佳时期，能为幼儿一生的素质发展奠定基础。每天清晨，在我们耳边，都能听到清脆的童音"Good morning!"而孩子在课间活动，最喜欢的是模仿老师的英语游戏。针对孩子们的喜爱与兴趣，我们本学期的志趣班就选择了孩子最喜欢的"快乐英语"。

一、让兴趣成为开启幼儿英语教育的大门

首先，在教育目标的制定上，我们立足幼儿的特点，将目标制定得浅显易接受，我们的英语教育注重口语培养，以听说为主，不搞认读，坚持听说整合，先听后说，以听促说，自然习得的原则，培养幼儿学习的兴趣和对语言的敏感性，培养幼儿初步使用两种语言进行交际的能力，培养幼儿良好的学习习惯和各种基础技能。

其次，在教育内容的选择上，我们力求符合幼儿的身心特点，注重选择幼儿亲身经历和日常生活中感兴趣、能理解、易吸收的内容，且生动有趣，富有童趣，又贴近幼儿生活与情感喜好，其难度既符合各年龄幼儿的发展特点，又略高于幼儿的年龄水平，使幼儿既不至于感到太难，又感到有一定的挑战性。

再次，在教学方法上，我们以游戏为主，各种教学方法灵活交替使用，以此吸引幼儿，抓住幼儿，从而有效地调动幼儿学习的兴趣。我们经常借助实物、直观教具和模型玩具等幼儿喜爱的事物，让幼儿在玩乐中学习英语，提高了幼儿学习英语的兴趣。如：在教幼儿学水果类单词时，我们准备了各种水果或水果玩具，以水果店游戏的形式让幼儿在玩游戏的过程中学习相应的单词，幼儿很感兴趣。

最后，在教学手段上，我们充分利用录音、录像等直观的现代化教育手段来激发和帮助幼儿学习英语。如：在教幼儿学习各种动物类的单词时，我们通过播放录像等形式演示给幼儿看，让幼儿觉得学习英语非常有趣。此外，我们还播放有关的英语短剧给幼儿看，播放一些英语歌曲给幼儿听，这些都激发了幼儿学习英语的兴趣。

二、让教师成为实施幼儿英语教育的保障

教师是教育成功的关键。我们班的肖老师是英语专业毕业。我们充分利用本班资源，利用课余时间向她学习各种日常英语。

我们把掌握标准的语音、语调，提高口语会话能力放在了首要位置。

通过本学期的学习，我们得出以下几个结论：

（1）幼儿对英语活动有浓厚的兴趣，有强烈的学习欲望，同时能运用已掌握的英语知识参与各种教学活动。

（2）幼儿能主动探求新知，思维活跃，知识面广，不仅掌握了幼儿园五大领域的知识技能，还掌握了有关动物、植物、自然、玩具、食品等方面的英语单词及短句。具体内容有：幼儿在巩固复习已有知识的基础上，能掌握50个新的单词，学会20句左右新的短句，会唱10首英文歌曲。

（3）幼儿的交往能力增强，态度自然大方，能主动与他人交往，表现出热情，在游戏情境中能运用简单的日常英语口语进行活动。

（4）幼儿性格活泼开朗，培养了克服困难的勇气和信心。

虽然本学期幼儿英语口语有了一定提高，但在以后的活动中，我们应注意：

（1）在日常生活中教师要尽可能地与幼儿多说英语，让他们多听（包括磁带），给他们营造一个轻松愉快的英语环境。

（2）创设英语区，使幼儿能在轻松自然的气氛中，熟悉、了解字母和单词的特性，掌握学习的规律。

（3）做好家园联系工作，及时地向家长反馈英语教学内容，以便家长在家帮助幼儿复习巩固。

在以后的活动中，我们将不断开发设计更多、更新、更好玩的游戏，让幼儿在玩中学好英语，快乐掌握"第二语言"！

（文章选自《幼儿教育网》）

点评：

本文采取正副标题，突出观点。开头指出英语对幼儿语言发展的作用，为英语志趣班的开设提供了有力的依据。总结出带有规律性的几点后，合理安排顺序。适当举例，把好的做法记下来，使总结内容更充实、更可信，同时也为以后写论文、做研究积累材料。从文中可以看到，教师不仅认识到了不足，而且已经知道该怎么改进，这样的总结为今后的工作指明方向，利于教师自身的提高。最后一段表明了自己的决心，同时也起鼓励作用。

范例二

中班月工作总结

此月的工作量较多，工作人员有些变化，原来小小班的黄群笑老师到本班担任助教工作。在本班三位老师的共同努力下，我们顺利地完成了各项工作，总结如下：

一、教育方面

本月针对幼儿园常规评比的一些不足，对本班幼儿加强常规教育，幼儿在各方面的常规都有了很大进步。在教育教学活动中开展了新主题"伞的世界"，幼儿很感兴趣，家长工作配合得很好，达到了本月的教学目标。

1. 健康教育方面

利用户外晨练和户外体育活动时间来开展各种体能训练，使幼儿的身体正常发育，技能协调发展。如学习拍球、抛接球，用各种圈来进行钻、爬、跳、跨跳、单脚跳等，通过体育游戏"大风、树叶和树苗"让幼儿学会听信号变速跑，"小小杂技员"发展幼儿的平衡能力。为了丰富十二月份运动会的项目内容，我们还利用了户外活动的时间编排了符合中班年龄特点的团体操，幼儿在排练的过程中，表现积极、认真。在日常生活中，增强幼儿的生活自理能力，如自己穿脱衣服、整理床铺，做一些力所能及的劳动：擦桌子、摆椅子等，大部分幼儿都能主动做到。

2. 科学教育方面

通过活动"伞可以做什么""香香的蘑菇""怕水的伞"来让幼儿观察各式各样的伞，并比较伞的不同，观察像伞一样的菇类食品，认识伞的材料和防水性的关系。通过"伞会变魔术""伞的选美会""轻与重""支援前线"的活动，让幼儿感受伞的速度变化，学习伞的分类方法。约 2/3 的幼儿能理解并掌握，1/3 的幼儿不完全理解，有个别幼儿还不会认数字。在区域活动中利用常见的物品来进行分类，要求幼儿按颜色、形状、材料、进行分类，大部分幼儿基本掌握，少数幼儿在按材料分类方面需指导。

3. 语言教育方面

看懂情节，丰富词汇，发展幼儿语言表达能力、叙述能力，如学习诗歌"小雨伞"，故事"爱画画的公主"。每天早餐后开展分享阅读活动，利用饭前饭后时间让幼儿阅读，提高阅读能力。

4. 社会性教育方面

通过活动"开伞、收伞""创意伞造型大会""我会用伞""听清楚"，全班幼儿都能享受用伞玩游戏的乐趣，了解自我保护的重要性，学会了正确使用伞的方法。在这些活动中，培养了幼儿在集体活动中的合作能力。

5. 艺术教育方面

学习集体舞和音乐游戏、歌曲，让幼儿大胆地在集体面前表现自己，培养幼儿听音乐创编动作的能力，同时还培养幼儿的合作精神和集体荣誉感。美术活动通过绘画、手工、泥工等锻炼幼儿涂、折、撕、剪、捏的技巧，培养幼儿的动手能力以及丰富的想象力、创造力，巩固对色彩的认识和涂色的技巧。

二、保育工作

因天气转凉且干燥，提醒幼儿多喝水，根据天气变化增减衣服。给幼儿准备汗巾，户外活动时给爱出汗的幼儿垫上毛巾，并注意个别幼儿的保健工作，按时按量喂药，给幼儿擦汗，换衣服。提醒幼儿洗脸，洗手时卷好袖子，别弄湿了衣服。注意餐前要用消毒水和消毒毛巾擦桌子，督促幼儿饭后漱口，使用餐巾擦嘴巴。教育幼儿不玩口水，不挖鼻子，给幼儿剪手指甲。减少幼儿的发病率，教育幼儿要爱护自己的身体，不在教室打闹，走路要轻，说话要轻，摆放物品要轻，继续培养幼儿值日生工作。

三、其他方面工作

坚持每隔一周写家园联系手册，并准时发放。组织幼儿到园博园开展秋游活动，让幼儿走进大自然，幼儿在玩的同时也开阔了视野。与年级组商讨编排了团体操。教师轮流到其他幼儿园参观学习，通过参观学习来提高教师的业务水平。

四、问题与不足

通过外出参观学习找出了自身的不足：应进一步丰富环境，进行环境创设；丰富教具，采用多种教学方式来进行教学。以孩子为中心，组织幼儿时声音要轻。幼儿方面，有个别幼儿需控制自己的不良情绪，在进餐时，有个别幼儿的卫生习惯还需继续培养。

（文章来自儿童教育网）

点评：

月工作总结属于全面总结。可以从涉及的各方面进行总结，也可以抓住重点来写。这里提供的例子并不是写得很好，但对于刚开始工作，不知道有什么可写的教师来说，是一个很好的示范。首先简单概括情况，接着按不同的工作方面进行总结。这个总结列举了本月在健康教育方面所做的工作，可惜写得像流水账，没有总结出有规律性的东西。从内容上看，除了常规的做法外，主要编排了中班的团体操。也就是说，重点应该在这一点上。科学教育、语言教育和社会性教育方面可概括为：围绕"伞"开展内容丰富的主题教学。科学教育的特点是抓住幼儿的兴趣点开展多样的活动，语言教育的特点是合理利用空余时间，提高阅读能力，社会性教育的特点是让幼儿在游戏中学习。此处艺术教育看不出有什么特点。如果做法与以往一样，那就把自己认为比较好的做法具体写一写。保育工作和其他方面的工作的总结也看不出特点。最后简单写不足方面，提醒自己要从哪些方面进行改进。

范例三

保育实习总结

转眼间两周的保育实习生活很快就结束了。在这两周里，我第一次亲密接触了幼儿园的方方面面，也总结出一些经验。

先谈谈如何创设使幼儿感到温暖、宽松、愉快的环境。大部分的幼儿对环境的适应性差，情绪易紧张，不稳定。幼儿教育学提出：环境在一定的条件下对幼儿的心理发展起决定作用，如何使幼儿情绪稳定，在幼儿园里如在家里一样，从不愿意去幼儿园到喜欢去幼儿园，我们可从以下几个方面着手：

1. 建立充满爱和亲密的关系

幼儿在家里是"小皇帝"，刚到幼儿园，一种强烈的失宠感会使他们无所适从，易哭。教师应善于观察幼儿的心理，用爱抚、关切去对待每个幼儿，使幼儿感到温暖。幼儿来园时，教师应站在门口，主动招呼幼儿，接待幼儿，说声："×××你好！"并轻声问："你喜欢什么？"按幼儿的意愿让他们自己选择，对喜欢独坐的幼儿，先与其一起玩，然后慢慢用语言启发，逐渐使他和其他孩子们一起游戏，对个别喜欢独揽玩具的幼儿，教师要注意正面引导，让他明白"玩具应该大家一起玩"的道理。

2. 制定合理的作息制度

原活动时间安排紧凑，我们对其进行了调整，将其安排为几个大环节，如生活活动、集体活动、游戏活动等。由于教师在组织时留有一定的余地，以教师本身的宽松情绪去感染幼儿，让他们在宽松的环节中进行了各项活动。

3. 根据季节和幼儿年龄特点布置室内环境

整洁、美观、富有情趣性的氛围是幼儿生活所必需的。教师用各种色彩，在墙面上画上神态逼真、色彩鲜艳的"小猫钓鱼""龟兔赛跑"等；墙的四周放置大型绒娃娃、绒动物，让幼儿抱抱、亲亲；用碎布料拼做成各式"奇妙的口袋"挂在墙上，里面放着"小卡片""小图书""小玩具"等，便于幼儿自取自放，让幼儿看看、识识、讲讲，既有利于语言发展，又美化环境，幼儿不仅能看到，而且能摸到。我们还创设了自然角，如：种植花生、黄豆、绿豆等，让孩子观察植物发芽、生长的过程；在鱼缸了养小蝌蚪、热带鱼；在户外饲养小白兔、小鸡等，让幼儿户外散步时去观察、欣赏，培养幼儿喜欢小动物的情感。

4. 提供丰富的玩具

摆弄玩具是幼儿最喜欢的活动之一，通过摆弄玩具，可培养孩子动手动脑的习惯。我们根据幼儿的年龄特点，做了各种幼儿喜欢的玩具，如"游戏盒""小鸭游水"等，并采用各种可利用的废旧物，例如：易拉罐、喜乐瓶、各种碎布料等自制玩具，供幼儿选择。在游戏中，幼儿想玩什么就玩什么，不加任何限制，老师只参与游戏，进行指导。

再谈谈如何培养幼儿生活自理能力和口语表达能力。早操时，准备小毛巾，便于幼儿活动出汗时随时洗擦；提供自由饮水条件，幼儿可随时拿到自己喝；午睡时，为去小便的幼儿准备拖鞋，冬天为盗汗多汗的幼儿睡前胸背上先垫上一块小毛巾，醒来拿掉，减少感冒患病率；教师做的腈纶棉衣裤、棉背心、彩色小棉垫，便于幼儿冬天户外活动用。

幼儿因为年龄小，自理能力差，对成人的依恋感强，我们以游戏的形式对幼儿进行培养，如培养先小便、后洗手习惯时，教师边念儿歌边示范："先小便，后洗手，擦擦肥皂搓搓手，手心手背搓一搓，搓好小手洗洗手，一二三，四五六，小手洗干净，洗好小手擦干手，手心手背擦擦干。"让孩子边模仿边念，在模仿中理解，学会正确的洗手方法，经过培养训练，幼儿的自理能力大大加强。如：会自己搬椅子就座，会独立吃完饭菜后放好碗，会用小毛巾擦脸，洗手不弄湿衣服等。

这个年龄的幼儿说话不连贯，只会讲简单的词语和短句，所以遇到困难易哭，易撒娇，不能用完整的句子表达意思。教师利用一切机会采用个别与集体的方法对幼儿进行语言培养。特别利用星期一或星期五的时间，星期一让幼儿讲出经历过的事，星期五启发幼儿想象，让他们表达出想做的事。教师要饶有兴趣地听，同时及时提醒，纠正他们的语句。

以上就是我在幼儿园这两周以来的心得体会。我相信在以后的实习中，我的工作能力一定会有所提高的。

（文章选自中国幼教网）

点评：

这篇保育实习总结抓住感受最深的方面谈了几点体会，而且在每一点上都用具体事例说明，对实习生来说难能可贵。但这篇总结的不足在于主要写的是实习单位老师的工作情况，而不是自己在实习工作中的情况总结。

范例四

个人工作总结

时间的脚步匆匆，在课改的春风下作为新课程实施的具体操作者，面对新课程赋予我们的更宽泛、更具有弹性的选择空间，开展课程改革的目的在于让幼儿更快乐、更健康地成长，以下是我在一个学期实践中的几点总结：

一、政治思想方面

本人热爱祖国、热爱中国共产党。作为新世纪的幼儿教师能时刻关注国际形势的变化，以"三个代表"的思想引领自我，爱岗敬业，遵守幼儿园的各种规章制度。能认真地参加政治学习，做好笔记。平时能严格要求自己，以师德建设年的要求时刻提醒自己，认真学习《中小学教师师德规范》，结合台江区优秀青年教师郑婕老师的先进事迹鞭策自己的工作。时刻以"爱生敬业、诚实守信、服务家长、奉献社会"来严格要求自己。树立高度的责任心对待幼儿园中的新的教育形式，关注每一个幼儿和幼儿的每一个细节，以积极的情感态度面对幼儿。积极参加团组织的活动，在活动中能积极发表自己的意见和建议，时时以一个优秀团员的标准要求自己。

二、业务工作方面

1. 加强班级的管理工作，创设与幼儿互动的环境

结合大班幼儿的特点构建一个安全、愉快、宽松的外部环境，让幼儿在教师、集体面前想表现、敢表现、喜欢表现并能得到教师与同伴的积极鼓励。在环境的创设上不再只是教师单方面的努力或者简单意义上幼儿的参与，而是让幼儿出主意、参与设计、参与材料收集、参与布置、参与环境的管理，体现幼儿的思维、幼儿的发现、幼儿的操作、幼儿的记录。物质环境上，让幼儿有丰富的操作材料进行动手探索，在实践的过程中对已有的经验进行整合并获得新经验。本学年主要创设了数学区、特色区、科学区、语言区等。在数学区中投放更多的操作材料，并提供记录本，鼓励幼儿将自己发现的东西记录下来，培养记录的好习惯；科学区中投放磁性、浮沉、轻重等方面的操作材料，让幼儿通过活动发现身边的秘密；在语言区重点提供拼音方面的内容，制作了有趣的拼音树、拼音小列车等，以游戏的形式巩固幼儿对拼音的认识；特色区的创设能时刻进行改动，根据幼儿最近绘画的状况，请幼儿自己提出怎样布置的意见，教师再和幼儿一起动手布置。结合安全教育创设安全墙饰，将幼儿的谈话、绘画内容和教师的壁画结合，设计更生动的墙饰，让环境更好地与幼儿互动。作为班主任能做好班级财产的管理工作，按时领借材料，及时归还保管室。随时根据主题和幼儿园要求调整班级环境和墙饰。

本学期还结合大班幼儿自尊心强的特点设计了名为"夺宝奇兵"的竞赛墙饰，改变以往单纯点红点点进行表扬的形式，采用幼儿自评，一月一总评的形式。新的形式不仅调动大班幼儿竞争的积极性，也使幼儿在每月的总评后有新的开始，让他们不会因为一开始落后他人就产生泄气的想法，而是更加努力地表现自己，争取进步。并将每月总评的结果和幼儿成长档案上及家园联系册上的星级宝宝评选挂钩，使幼儿更积

极地参与其中，取得了更好的效果，使家长也投入到幼儿的教育中。

2. 教育教学方面

根据开放教育理念，及幼儿全面平衡发展的理论基础，以挖掘幼儿潜能为教育模式的基本框架，以幼儿的经验、能力、兴趣、需要为出发点，在课程统整化、教材生活化、教学活动化的理念指导下，用主题统整的形式，将各领域的学习关联起来，园内园外活动并重，使幼儿在生活中学习，在与环境中人、事、物产生交互作用中获取各种经验而成长。本学期主要开展了"一切都在变""有趣的桥""绿色家园""各式各样的服装""运动和我"等活动。我能根据主题目标、幼儿的发展需求选择适合的活动，在开学初制订周计划并每周及时调整教学内容，严格按照周计划开展活动，完成教育教学任务。在活动中让幼儿自主地学习，并对幼儿的自主学习进行了研究和实践，努力探索幼儿自主学习所需要的条件和因素，总结教师在实践中，促进幼儿自主学习所应具备的教育理念和教育策略，从而切切实实地促进幼儿自主学习能力的发展。小组教学和个别教育相结合，让教师和幼儿、幼儿与同伴之间有更多的交流和对话。和社区对话，利用社区的环境开展活动，在本学期中利用白马河公园开展了"我和小树交朋友""学习雷锋好叔叔"的主题活动；在"绿色家园"的活动中，我和孩子一起动手制作环保小标志，并一起张贴到社区的宣传栏中，获得了较好的反响。

结合幼小衔接的特点开展数学和拼音的教育教学活动。采用一周一竞赛了解幼儿的学习情况；一周两教学使幼儿得到进步。对个别能力较弱的幼儿在平时的区角活动中进行个别辅导，并与个别家长进行交流，使每个幼儿都得到进步。本学期我主要负责数学方面的教育教学，本班的幼儿能熟练地掌握10以内数的加减法、区分左右、认识时钟、根据

算式编应用题，以及 10 以内数的连加连减。在学期末我们还开展了
"我要上小学"的系列主题活动，在活动中让幼儿了解小学、了解小
学生、了解小学生的学习情况；在平时的教育教学中模仿小学上课的
形式，激发幼儿做一个优秀小学生的自豪感，养成良好的学习习惯。
注重幼儿品德教育，无论在教育活动或生活活动中，我都从细节做
起，从一点一滴培养孩子的好习惯。在本学年中开展了"我是大班小
朋友""从小爱劳动"等主题活动。同时还结合各种不同类型的活动
对幼儿进行爱父母、爱家乡的教育。结合安全教育活动和季节的变化
对幼儿进行健康教育，还更加重视"关心他人"情感的培养，培养幼
儿从小爱他人、关心他人、关心社会的良好情感。

3. 爱的承诺方面

（1）平时能做到热爱学生，衣着整洁得体，语言规范健康，举止
文明礼貌，注重自身的语言和谈吐，以优美大方的形象带给幼儿美好
的体验。轻声细语地和幼儿交流。结合主题活动，采取讨论的方式，
和孩子共同制定班级常规。督促、提醒幼儿按讨论过的常规活动，提
高幼儿的自省能力，建立以幼儿为中心的自律班级常规。培养幼儿良
好的倾听和举手回答问题的好习惯。

（2）及时撰写每月爱的承诺，根据家长的意见提出新的希望和
要求。

（3）认真制定幼儿成长档案、社区成长档案和个人成长档案，能
每月按时增添新开展的内容，及时拍照记录，给幼儿的成长、自身的
成长留下痕迹。丰富幼儿成长档案的内容，改变以往单纯以幼儿绘画
作品为主的形式，收集幼儿绘画、手工、数学、拼音、谈话、记录等
多种活动痕迹，并结合幼儿每月一评分发"小红花"丰富幼儿成长档
案内容。还能利用问卷调查、小表格等形式让家长也参与到幼儿成长
档案的制作中。在社区成长档案中制作班级主页，除了能介绍最近开

展的活动外，还能根据家长的疑难给予解答，根据季节和实际情况的需要增添家教文章，如《幼儿心理健康的调查》《幼儿入小学注意事项》等；还请个别家长撰写家教文章，向其他家长介绍自己的家教经验。认真地对待教师个人成长档案，每月及时反思，增添自己的学习心得和体会，制作个人主页，使个人成长档案更丰富。

（4）注意培养幼儿良好的生活习惯，如正确的睡姿、坐姿、站姿等，引导幼儿学会解决同伴间的小纠纷。教幼儿了解自我保护的常识和行为，如用眼卫生和换牙的注意事项等。根据天气的变化，提醒幼儿及时穿脱衣物，多饮水。对个别体弱的孩子格外关心。

4. 特色教学方面

认真开展特色教育，在开学初制定好教学进度，画好所有范图，每周五按时开展活动。在美术活动中更加重视讲解和示范，使每个幼儿都能较好地发展。注意对个别幼儿的指导，纠正其不正确的用笔姿势。注意对幼儿作品的讲评，请幼儿自己观察发现优秀的作品，对有进步的幼儿及时地表扬。将幼儿作品进行展示，并请家长提出自己的意见和建议，及时地修改我们的教学。在期末布置幼儿特色展示区，将幼儿一学期以来的作品分别进行展示，让家长纵向比较了解幼儿的进步。在期末撰写特色教育心得《教水墨画有感》。制作特色教育袋，整理特色教育的教材、范图、文章等内容，为今后开展活动做好准备。

三、其他方面

（1）能认真开展年段长工作，带领年段教师开展教研和教育教学工作。在每次的教研活动中带头发表意见，总结年段教师的意见并进行交流。本学期与年段教师配合开展了年段班级家长会、家长开放日、"六一"海报的设计、"六一"游园活动、安全教育活动、毕业典礼等。

（2）本学期继续担任林张艳老师的指导教师，本学期主要对艺术教育教学方面进行指导帮助。本学期在业务园长的带领下，开示范课：《歌曲——勤快人和懒惰人》《绘画——我喜欢的桥》《绘画——海底的故事》，效果良好。年轻教师林张艳的汇报课也有很大的进步。

（3）本学期能认真对待幼儿园里的各项任务，在教师技能技巧比赛中获演讲二等奖、绘画三等奖、歌唱欢乐奖的好成绩。指导幼儿郑婧仪获市科协科幻画比赛一等奖，薛鑫仪获二等奖。薛鑫怡，张钰，詹妍、吴心悦、周仲卿分获幼儿园"爱妈妈"绘画比赛一、二、三等奖；薛鑫怡、林君艺、谢轩武获幼儿园"元宵花灯制作比赛"一、二、三等奖。

（4）本学期还能根据幼儿的发展选择科研的课题，从幼儿和教师的互动关系入手进行调查研究，撰写了论文《教师在教育过程中与幼儿互动关系的研究》。

四、做好家长工作——家园合作、同向同步

（1）利用家园联系册向家长介绍幼儿每月的情况，及时了解幼儿在家在园的情况，家园同步开展教育教学工作。

（2）本学期我们能认真地制作幼儿成长档案和社区成长档案，家长一起参与制作的过程，让他们更深刻地体验幼儿园教育的特殊性和趣味性，更加了解自己的孩子的发展状况。

（3）通过及时更换家教之窗的家教知识，向家长宣传科学的育儿知识。本学期我还承担了园社区宣传栏5月份的设计工作，能根据幼儿园的动向和家长的需要制作有效的宣传栏，为家长提供帮助，得到家长的好评。

（4）按时召开班级家长会和家委会，做好记录，能根据家长的意见和建议调整具体工作。在家委会的支持下开展好各种家长开放活动，如家长开放日、"六一"游园活动等。

总之，在这一年里我的工作取得了一定的成绩，但仍然存在许多的不足，如脾气比较急躁。个别家长也对我提出了意见和建议。在今后的工作中我会在反思中不断地改进自己、提高自己。

点评：

这是一篇全面总结（也叫综合性总结），格式较规范。首先总结"德"，即政治思想方面的表现。接着写"能"，即业务工作方面的表现，一般从教育、教学、教研、家长工作等方面谈谈做法和经验。本总结比较全面，可惜没有突出成绩，如果在业务工作方面能总结出一些规律性明显的东西就更好了。

练习

改一改

下面是幼师二年级学生写的一篇实习总结，有些地方不符合总结的写作要求，你能找出来，并给她一点改正建议吗？

2016 年幼儿园下学期助理教师总结

我在幼儿园里实习，感到时间一晃就过去了。两周的保育实习生活让我觉得很辛苦、疲惫。但是，我却能认识到自己以前的不足，学习到了新的知识。

实习的第三天，正班主任就让我带幼儿玩游戏。在前两天与幼儿接触的时间里，我知道中班的幼儿喜欢玩什么游戏。于是，在进行游戏时，一种成功的喜悦涌上心头。

在第四天，我给幼儿讲故事。看见他们一双双认真的眼神，期待的表情，我大胆走上前去。在讲的过程中，他们笑了。就这样，我开始喜欢给幼儿讲故事。只要大胆尝试就会有收获。

第二个星期，我给幼儿上了一堂体育课——猫与老鼠。结束后，我请老师指出我存在的不足，老师说我的不足主要存在三方面：不够了解幼儿；在上课前提的要求不够清楚，未能使幼儿明白；教案与上课内容不相符——跑题。这三方面，让我觉得很惭愧，因为对于一个幼师的学生来说，这算是失败。

柳暗花明又一村。一天，校长来找我，让我去录音。她对我说："班里的幼儿很喜欢听你讲故事。如果你再次实习，欢迎你回来这里给幼儿讲讲故事。"我听后，之前那种种的不安都消失了。

实习期间，我努力了，并且学习到了不少知识。

完成练习

第七章　说课稿的撰写

说课稿是教师说课内容的书面呈现。要写好说课稿，首先要了解什么是说课。

一、什么是说课

关于"说课"，网上有不少的资料，但对其内涵没有统一的界定。提供以下几种说法，帮助大家对说课建立初步的印象。

（1）说课是教师通过对教育目标本身的分析，表述具体课题的活动设想及其理论依据。通俗地讲就是要说清：教什么、怎么教、为什么这么教。说课以说为主，是教师对教案本身的分析和说明，是一种以口头叙述为主的教案分析。

（2）说课是一种教学研究活动，它要求教师以教育理论、教学大纲、教材为依据，针对某一课题的自身特点，结合教育对象的实际情况，口头表述该课题教学的具体设想、设计及其理论依据。

（3）说课是指教师在备课基础上，于授课之前面对领导、同行或评委主要用口头语言讲解具体课题的活动设想及其依据的一种教研活动，它是教师将教材理解、教法及学法设计转化为"具体活动"的一种课前预演，也是督促教师进行业务学习和教育教学研究、提高业务水平的重要途径，还是评估教学水平的有效手段。

二、说课与授课的异同

　　说课与授课既有相同点，又有不同点。其相同点在于二者都是同一活动的教材。不同点在于：第一，目的不同。授课的目的是将教材内容转化为幼儿的理解，进而培养能力，进行思想品德教育，即"使幼儿会学"；说课的目的则是向听者介绍一次活动的活动设想，"使听者听懂"。第二，内容不同。授课的主要内容在于让幼儿理解哪些内容，怎么教。说课则不仅要讲清上述的主要内容，而且要讲清"为什么这样做"。第三，对象不同。授课的对象是幼儿，说课的对象是领导、同行或专家、评委。第四，方法不同。授课是教师与幼儿的双边活动，说课则是以教师自己的解说为主。

三、说课的内容

1. 说教材

　　（1）说教材内容及在教学中的地位和作用。通过分析所选活动主题的内容特点，指明其在整体或主题网络教学中的地位。

　　（2）幼儿现状简要分析。主要包括幼儿的年龄特点、身心发展状况，幼儿原有知识和基础技能的掌握情况、智力的发展情况；幼儿的非智力因素，包括幼儿的兴趣、动机、行为习惯、意志等发展状况。

（3）说目标。先说主题目标，再说本次活动目标，主要从情感、态度、能力、知识、技能等方面综合地表达出来，并能体现主题的教育要求，最后说确立此目标的依据。

（4）说活动重点、难点的确定和解决。

2. 说教法

说教法主要说明教学方法及教学手段的选择和运用。要根据教材的特点、幼儿的实际、教师的特长以及教学设备情况等，来说明选择某种方法或手段的依据。说活动准备，包括活动前的准备（家长工作、社区协调、环境创设、资料收集、幼儿园活动等），活动中的准备（即有关玩具、教具等材料的准备，包括幼儿用书、教学挂图等）。

3. 说学法

说学法就是说出要教给幼儿哪些学习方法，培养幼儿哪些能力，并结合活动目标、教材特点、幼儿年龄特点具体地说出理论依据，主要说明幼儿要"怎样学"的问题和"为什么这样学"的道理。要讲清教师是如何激发幼儿学习兴趣，引导幼儿主动、积极探索的，还要讲出教师是怎样根据班级特点和幼儿的年龄、心理特征，运用哪些教育教学规律指导幼儿进行学习的。根据活动内容和采取的方法及手段，教给幼儿一些学习的方法，做到"授之以渔"。

4. 说活动过程

说活动过程是说课的重点部分，因为通过这一过程的分析才能看到说课者独具匠心的活动安排，它反映着教师的教学思想、教学个性与风格，也只有通过对活动过程设计的阐述，才能看到其活动安排是否合理、科学，是否具有艺术性。

说活动过程就是说明整个活动的流程，即各个活动环节的实施过程。按照活动的先后顺序说明每一环节所用的大体时间，重点说明主要环节的双边活动，要致力于活动难点和重点的突破。具体内容只需概括介绍，只要听者能听清楚"教的是什么""怎样教的"就行了，不能按教案像组织幼儿活动那样讲。

注意，在介绍活动过程时不仅要讲活动内容的安排，还要讲清"为什么这样教"的理论依据（包括《纲要》依据、课程标准依据、教学法依据、学前教育学和学前心理学依据等）。

5. 展示自己参与设计的辅助课件

所制作的课件要突出本次活动的重点，降低难度。展示课件时还要简述自己设计、制作的思路和过程。

说课要坚持从实际出发，不能搞一刀切。应因材、因时、因地、因人（幼儿、教师）的不同采取不同的说课方式和方法，提高说课的科学性和可行性。

四、说课的实施

说课，不同于一般的发言稿和教育活动，它要求说课者比较系统地介绍自己的活动设计及其理论依据，而不是宣讲教案，也不是活动的浓缩。它的核心在于说理，在于说清为什么要这样教，说课的重点在于活动重点和难点的突破。在说课过程中，要注意把握以下几点：

（1）使用普通话。在说课过程中，使用普通话，是教师的基本素质。

（2）充满激情，慷慨自然。说课时不但要精神饱满，而且要充满激情，要使听者首先从表象上感到说课者对说课的决心与自信，从而感染听者，引起共鸣。

（3）紧凑连贯，简练准确。说课的语言应具有较强的针对性，语言表达要简练干脆，要有声有色，灵活多变，前后连贯紧凑，过渡流畅自然。

（4）自然而有效地使用媒体。在说课时，要注意将现代化的电教器材组合在说课的主体里，来刺激听者，使说课更加生动，从而取得最佳效果。

五、说课中应遵循的几项原则

1. 科学性原则——说课活动的前提

科学性原则是组织活动应遵循的基本原则，也是说课应遵循的基本原则，它是保证说课质量的前提和基础。科学性原则对说课的基本要求主要体现在以下几个方面：

（1）教材分析正确、透彻。说课中，教师不仅要从微观上弄清弄懂活动内容的内涵和外延，做到准确无误，更重要的是要从宏观上正确把握本活动在本年段、本主题中的地位、作用以及本活动内容的知识结构体系，深刻理解它们之间的关系。

（2）分析客观、准确，符合实际。说课中教师要从幼儿理解本内容的原有基础和现有困难两个方面分层次、客观、准确地分析情况，为采取相应的对策提供可靠的依据。

（3）活动目的明确，符合《纲要》要求、教材内容和幼儿实际。

（4）教法设计紧扣活动目的，有利于发展幼儿智能，可行性强。说课中，教师既要说清本次活动的总体构想以及依据，又要说清具体的活动设计，尤其是关于重点、难点的教法设计的构想及其依据，使教法设计思路清晰、具有较强的可操作性。

2. 理论联系实际原则——说课活动的灵魂

说课是说课者向听者表达其对某次活动设想的一种方式，是教学与研究相结合的一种活动，因此在说课活动中，说课者不仅要说清其活动构想，还要说清其构想的理论与实际两个方面的依据，将学前教育理论与活动实际有机地结合起来，做到理论与实践的高度统一。

（1）说课要有理论指导。在说课中对教材的分析应以专业基础理论为指导，对活动情况的分析和教法的设计一概以学前教育学、学前心理学理论为指导，力求所说内容言之有理、言之有据。

（2）教法设计应上升到理论高度。教师在实践中，往往只注意到对教法本身的探索、积累与运用，而忽略了将其总结上升到理论高度并使之系统化、规律化，因而淡化了实践的功能。说课中，教师应尽量把自己的每一个教法设计上升到学前教育教学理论高度并接受其检验。

（3）理论与实际要有机统一。在说课中，既要避免空谈理论，脱离实际，"放之四海而皆准"；又要避免只谈做法不谈理论；还要避免为增加理论色彩而张冠李戴，理论与实际不一致、不吻合。要做到理论切合实际，实践是在理论指导下的实践，理论与实践高度统一。

3. 实效性原则——说课活动的核心

任何活动的开展，都有其鲜明的目的，说课也不例外。说课的目的就是要通过"说课"这一简易、速成的形式或手段在短时间内集思广益，检验和提高教师的教学能力、教研能力，从而优化活动过程，提高活动效率。因此，"实效性"就成了说课的核心。为保证每一次说课都能达到预期目的、收到可观实效，至少要做到以下几点：

（1）目的明确。大体上，说课可用于检查、研究、评价、示范等多种目的。一般来说，检查性说课主要用于领导检查教师的备课情况；研究性说课主要用于同行之间切磋教法；评价性说课主要用于教学评比、竞赛活动；示范性说课则是为了给教师树立说课的样板，供其学习、参考。在说课开展之前，首先要明确目的，也就是将要开展的是哪一类型的说课，以便做好相应的准备工作。

（2）针对性强。这主要是针对检查性、研究性两种说课类型而言。检查性说课一般来说主要针对以下问题：教师的工作态度、专业知识、教学能力、教研能力；研究性说课主要针对承上启下的活动、难度较大的活动、结构复杂的活动以及教师之间意见分歧较大的活动等。只有加强了说课的针对性，才便于说课者和听者做准备及对问题的集中研究与解决。

（3）准备充分。说课前说课者、听者都围绕本次说课的目的进行系统的准备，认真钻研大纲和教材，分析情况，做到有的放矢。说课者还要写出条理清楚、有理有据、重点突出、言简意赅的说课稿。

（4）评说准确。评说要科学准确，指导性强。说课者说完之后，参加评说的人员要积极发言，抓住理论上的重大问题和活动中带有倾向性、普遍性、规律性的问题进行重点评说。主持人还应该将已达成的共识和仍存在分歧的问题分别予以归纳总结，以便在活动中贯彻执行或今后继续进行研究。

4. 创新性原则——说课活动的生命线

说课是深层次的教研活动，是教师将活动构想转化为具体活动之前的一种预演，其本身也相当于集体备课，尤其是研究性说课，其实质就是集体备课。在说课中，说课者一方面要立足自己的教学特长、教学风格，另一方面更要借助有同行、专家参与评说，众人共同研究的良好机会，树立创新的意识和勇气，大胆假设，小心求证，探索出新的思路和方法，从而不断提高自己的业务水平，进而不断提高教学质量。只有在说课中不断发现新问题、解决新问题，才能使说课永远"新鲜"，充满生机和活力。

（http：//www.ptjy.com/website/lcqgczxxx/pages/uploadfiles/20061214
153949531.doc）

基本格式

1. 称呼

说课是说给同行听的，所以开头写"各位老师"或"各位领导、老师"。

2. 说课的课题

如"今天我说课的课题是……"。

3. 说课的内容

说教材—说教法—说学法—说教学（活动）的过程。

4. 结束语

如下文"范例"的结束语部分。

写作要领

说课稿写作的目的是便于说课时更周详、全面，所以这种文体的语言以方便口语表达为准，要求结构清晰，步骤清楚。

范例一

中班说课：语言活动——《微笑》

尊敬的各位领导、老师：

大家好，今天我说课的题目是：中班故事《微笑》。

《幼儿园教育指导纲要》明确指出，教师要创造性地开展工作。同时，新的省编教材中，在各主题活动的设计上也为教师提供了根据幼儿情况自由生成的空间，幼儿教师要不断尝试将新的题材、新的内容引入课堂，以新角度、新形式、新方法让幼儿成为学习的主人，教师要善于站在幼儿的角度上设计教学，驾驭教学，水到渠成地实现教学方面的突破。省编幼儿园中班教材中第五主题"我的朋友"的总目标为：初步了解并体验人与人，人与整个环境和谐相处的快乐感觉，学习并尝试与他人交往的方式，促进社会交往能力的发展，所设活动有："好朋友画像""换名片""哭哭脸"和"笑笑脸"等，多为实践、操作活动，而作为幼儿最喜欢的教学形式，最有效的教育手段——故事教学的内容却很少，所以在本主题活动内容的基础上，我生成本次故事教育活动。

第一部分：说教材分析

一、说教材内容

童话故事是儿童文学的一种体裁，是富有浓郁幻想的虚构故事。它以现实生活为基础，通过丰富的想象，把故事中的事物描绘得有思想、有感情，能像人一样说话，富有生命力，并编制生动的情节来反映生活。童话的语言通俗易懂，情节简单，符合幼儿的心理状态和认识水平，富有教育意义，易于幼儿接受。《微笑》是一篇充满浓郁儿童情趣的童话故事，它采用了拟人的手法，把小蜗牛用微笑的方式给大家带来快乐，从而使自己也快乐起来的经过描写得形象逼真，让幼儿充分感受到小蜗牛的助人之心和与朋友的友爱之情，体会到为朋友做事的快乐。

二、说教学目标

根据我班幼儿语言发展的实际水平、年龄特点、兴趣需要，及本主题的总目标，确定本活动的目标为：

情感目标：使幼儿懂得只要有爱心，不管能力大小都可以帮助别人并愿意给别人带去快乐。

能力目标：培养幼儿欣赏文学作品的兴趣和能力，发展幼儿的感受力和口语表达能力。

知识目标：初步理解故事内容，掌握故事的名称、角色和故事的主要情节。

确定本次活动的依据有以下几点：①根据中班幼儿的认知水平和心理发展特点。4 至 5 岁的幼儿理解能力还很肤浅，注意力往往受兴趣的影响和支配，有意注意初步得到发展，所以需要教师利用各种教学手段，恰当、巧妙地引导幼儿理解故事内容，还要注重培养幼儿认真倾听的习惯。②现在绝大多数幼儿都是独生子女，缺乏一定的爱心，不懂得关心别人，不知该如何关心别人，因而向幼儿进行这样的情感教育和思品教育也显得尤为重要。③根据幼儿园课程目标及《幼儿园教育指导纲要》，幼儿课程目标的宗旨在于提高幼儿素质，引导幼儿接触各种艺术作品，关注人类道德行为美。本故事通过使幼儿懂得"微笑"的真正含义，来感染幼儿，美化幼儿的行为。《幼儿园教育指导纲要》在语言领域中提出："发展幼儿语言的关键是创设一个能使他们想说、敢说、喜欢说、有机会说并能得到积极应答的环境"以及要"鼓励幼儿大胆、清楚地表达自己的想法和感受，发展幼儿语言表达能力和思维能力"。根据这一目标和要求，结合中班幼儿的年龄特点和语言发展水平，由此制定了情感、能力、认知三方面的教学目标。

三、说重点、难点

重点：使幼儿理解故事情节及内容，了解故事的含义。

难点：能主动帮助别人，愿意给别人带来快乐。

制定重难点的依据是：我班幼儿在情感及认知方面的特点，即中班幼儿理解水平有限，对理解隐含在故事中的寓意有一定的困难，所以让幼儿充分感受小蜗牛的助人之心和与朋友的友爱之情，体验为朋友做事的快乐尤为重要。

四、说教学准备

（1）自制多媒体课件：符合故事情节发展，动画形象生动有趣，能激发幼儿的兴趣，吸引幼儿注意力。

（2）空白圆形卡片、彩笔，通过自己动手制作，加深对故事含义的理解。

第二部分：说教法、说学法

本次教学活动以遵循"三个原则"，做到"两个注意"，体现"一个整合"的指导思想来设计教法、学法。

"三个原则"：一是"以教师为主导，以幼儿为主体，以问题的引导为主线"的"三为主原则"，二是"教师在前、幼儿在后"的教学原则，即当幼儿积极主动地投入到学习中时，教师要观察了解幼儿的学习行为是怎样产生的，并在尊重幼儿认识过程发展的基础上进行分析和施加影响。三是"同时进行原则"，即在教学活动中，要同时顾及兴趣、态度和行为的培养，既有明确的重点，又相互渗透。

"两个注意"：一是注意设置符合幼儿"最近发展区"的问题情境。要把各教学环节与教学要求设置成问题情境展示给幼儿，这样容易使幼儿被问题情境吸引而主动投入学习。二是注意根据幼儿的认知规律和情感发展规律，把教学目标的要求分解成若干细小的层次，分散到各个具体的活动中，形成一个循序渐进的教学活动，使教学重点得以巩固，教学目标得以实现。

"一个整合"：《幼儿园教育指导纲要》中明确指出：要为幼儿一生的发展打好基础，通过自主的学习，促进幼儿生动活泼、主动和谐的发展。教学过程体现整合性，为多元智能的发展提供保证。

一、说教法

托尔斯泰指出："成功的教学所需要的不是强制，而是激发学生的学习兴趣。"教师不是为了教而教，而是应采用恰当的教学方法。

根据幼儿的认知水平、实际情况和教材自身的特点，我采用了直观演示法、讲述法、讨论法和提问法。

（1）直观演示法：运用直观、形象的教具进行表演示范，引导幼儿理解作品内容。活动中主要运用多媒体课件，将整个故事制作成形象直观的动画，既可以完整欣赏，又可以分段播放，通过观赏课件引导幼儿了解故事情节，理解故事内容。

（2）讲述法：通过生动形象的讲述，能激发幼儿的情感共识，引导幼儿理解故事内容，帮助幼儿树立简单的是非观念，达到教育目的。在讲述故事的过程中，根据需要，我注意控制语速，音量的快慢、大小和抑扬顿挫的变化，采用不同的音色来讲述不同事物的对话，从而较好地表达作品的感情。如：小蜗牛把微笑送给大家，我就用表扬鼓励的口吻说：小蜗牛，你真了不起！激发幼儿为别人服务的愿望，帮助幼儿更好地理解事物的形象特点，并能较好地集中幼儿的注意力，为提高教学效果和突破重、难点做准备。

（3）讨论法：是指让幼儿根据自身的生活经验互相合作，共同探讨问题答案的方法。在活动中，我将讨论法结合在讲述故事过程中。如请小朋友共同讨论：小蜗牛为什么不快乐?

（4）提问法：提问是教师引导幼儿观察事物，要求幼儿再现已掌握的知识，启发幼儿积极思维的手段。提问法在教学中发挥着不可替代的作用，我主要运用了解释性提问（如：小蜗牛为什么会给大家送信?）、假设性提问（如：如果你是小蜗牛，你会怎么做呢?）等。在提问问题时，针对不同能力层次的幼儿，比较容易的问题可让能力比较差的幼儿回答，需要描述的问题就请能力较强的幼儿回答，像总结、归纳性的问题请能力最强的幼儿来回答，使每个幼儿都能体验到成功的喜悦。

二、说学法

本次活动，主要采用欣赏法、发现法、讲述法。

（1）欣赏法：引导幼儿学会理解作品内涵，鉴别作品的美及分析评价文学作品，使幼儿获得美的享受，唤起美的情感，陶冶美的情操。在活动过程中，通过教师生动形象的讲述，引导幼儿体验帮助别人的那种心情，感受作品的语言美，从而突破难点。

（2）发现法：教师提供适于幼儿进行发现活动的教材，使他们通过自己的探索、尝试，发现知识。在活动中，请幼儿回忆、讨论故事中人物的对话，通过提问和幼儿讨论，引导幼儿自己得出结论，充分体现幼儿的主动性和积极性。

（3）讲述法：主要教会幼儿能准确地回答问题，恰当地说明自己的想法和做法。在活动中，我采用多种形式的提问，为幼儿提供讲述的空间，启发幼儿用洪亮的声音、完整的语言进行讲述，并且注意为每名幼儿创设讲述的机会。

第三部分：说教学程序

整个活动分为三大部分，活动流程图简单明了地概括了整个活动，使大家一目了然，明白设计意图，下面将其详细说明一下：

一、导入部分：激发学习兴趣，引出故事主题

出示两个表情（微笑、哭泣）的图片，引导幼儿说一说喜欢看哪一个表情？为什么？在此环节注意引导幼儿回忆原有的生活经验，并组织幼儿分组进行讨论，为下一步教学的开展进行铺垫。突出活动的教学重点，引起兴趣，引出主题。

二、展开部分：理解故事内容，掌握学习方法

（1）教师有感情地讲故事，不出示任何教具，依据幼儿的无意注意占主要地位，有意注意还不稳定的特点，为了避免分散幼儿的注意力，影响幼儿对故事内容的感知，所以只运用丰富的表情、优美的背景音乐来表现故事。讲完后，提问简单的问题：①故事的名称；②有哪些角色；③小蜗牛做了一件什么事？

（2）分段播放课件，让幼儿欣赏。教师分别提问：①森林里的动物们都是好朋友。看看小动物们在为自己的朋友们做什么？（小鸟为朋友唱歌、大象为朋友盖房子、小兔为朋友送信）②朋友感到怎样？（很感动、很高兴）③看看小蜗牛怎么了？（不开心）猜猜它为什么不高兴？（放录音：小蜗牛不开心的原因）④帮小蜗牛想个办法，想想它还能为朋友做什么？（预报天气，讲故事，画画）（鼓励幼儿结合自己的经验充分想象并讲述，幼儿自由讨论）此环节鼓励幼儿大胆发表自己的观点。

（3）完整欣赏故事。请幼儿边看课件，边完整欣赏故事。教师根据幼儿对故事的理解以递进的方式提问：①小蜗牛为朋友们做了一件什么事？②为什么小蜗牛会想到把微笑送给大家？③大家喜欢小蜗牛

的微笑吗？为什么他们都认为小蜗牛了不起？由此逐步得出故事的含义：小蜗牛虽然能力很小，只会爬，但它有一颗爱心，它想到了要让自己的朋友快乐一点，它把微笑送给了大家，给大家带去了快乐，所以大家都觉得它很了不起。这个环节其实重在揭示思想内涵，进行情感教育，我将它贯穿到整个故事的情节中，它是解决重点、突破活动难点最关键的一个环节。

三、结束部分：迁移故事主题，渗透思想品德教育

我依据幼儿的生活环境从三个方面引导幼儿说出自己是怎样为大家带来快乐的：①为爸爸妈妈做什么；②为小朋友做什么；③为老师做什么。依据幼儿思维发展的过程，本环节由近及远、由易到难地引导幼儿思考、讨论，进而得出与幼儿实际生活相关的答案，并使幼儿有了行动的愿望，促进幼儿发散思维的发展。解决了本活动的难点，达到了教育的目标。

制作"微笑"标志：幼儿自制两枚"微笑"标志，即在圆形卡片上画上微笑的表情。启发幼儿将其中一枚"微笑"标志别在自己胸前，另一标志则送给自己的好朋友。在愉快、温馨的氛围中，活动自然结束。

俗话说："教无定法，贵在得法。"今天我所展示的这个活动肯定还存在着许多不足之处，希望在座的各位领导、老师能给予批评指正，让我在以后的教学实践中，在新的教育观念的熏陶下，和孩子一起探索，一起成长！谢谢！

附

微　笑

森林里的动物们都是好朋友。小鸟为朋友唱歌，大象为朋友盖房子，小兔为朋友送信……小蜗牛很着急，他只能在地上慢慢地爬，别的什么也干不了。

小兔走过小蜗牛的身边，小蜗牛向着小兔微笑。小兔说："小蜗牛，你的微笑真甜。"小蜗牛想："对呀，我可以对朋友们微笑。"小蜗牛又一想："可是，怎么样让朋友们看到我的微笑呢？"

小蜗牛想出了好办法。第二天，他把很多信交给小兔子。小兔子把信送给了森林里的朋友们。朋友们拆开信，信里是一张画。画上的小蜗牛正在甜甜地微笑。森林里的朋友们也都微笑起来，他们说："小蜗牛真了不起！他把微笑送给了大家。"

(http：//www. yejs. com. cn/HtmlLib/14131. htm)

点评：

这篇说课稿形式规范、内容详尽、步骤清晰，很好地写出了说课者说课的意图，使读者对教学的设计、思路、理念有清楚的了解。

范例二

《小蝌蚪找妈妈》说课设计稿

老师们：

我准备说课的内容是《小蝌蚪找妈妈》。

1. 说内容

我说课的内容是幼儿园渗透式领域课程下册语言领域童话《小蝌蚪找妈妈》。

2. 说教材

这篇童话故事以浅显的文字生动地描写了小蝌蚪找妈妈的故事，同时以图文形式叙述了小蝌蚪是怎样找妈妈的以及最后变成青蛙的有趣过程。

从教材编排看，童话中动物角色较多，语言生动、趣味性强，是幼儿进行表演的典型教材。从教材结构看童话中对话较多、重复式结构较多，幼儿很感兴趣，也是幼儿最容易掌握的最佳范例，同时活动目标也明确指出尝试用完整连贯的语言清楚地表述画面内容，并鼓励幼儿创造性地表演故事。

本活动分2课时完成，下面我重点阐述的是第一课时的教学思想，根据教材的编排体系和本班幼儿语言发展的实际能力确定目标如下：①观察小蝌蚪的变化，想象故事的情节，尝试用完整连贯的语言表述自己的认识。②学习围绕故事的名字来观察阅读画面理解故事内容，讲述比较完整的故事情节。③培养幼儿的观察力，感受探究生命的乐趣。

3. 说教法学法

阅读过程是每个幼儿获得个性体验和独特感受的过程，是教师引导幼儿在阅读实践中不断积累经验，学会阅读并促进表达的过程。因此我充分发挥了教材的作用，为幼儿构建了"大书导读训练"教学模式，坚持以导读为基础，侧重培养幼儿根据画面讲述比较完整的故事。

4. 说教学过程

（1）巧设导言，激发兴趣。良好的开端是成功的一半，为了最大限度地调动幼儿的兴趣，消除幼儿生活经验的匮乏和障碍，首先我让幼儿猜关于蝌蚪和青蛙的谜语，引起幼儿的兴趣，然后我不失时机巧妙地导入课题，问："小蝌蚪和妈妈长得像吗？（不像），难怪小蝌蚪不认识自己的妈妈呢！今天我们就随着小蝌蚪去找妈妈吧！"这样的设计导言，既调动了幼儿探究的欲望，也能使他们充满激情地参与活动。

（2）教师导读，幼儿整体感知。这一环节我坚持以导读入手，运用图文结合的方法帮助幼儿进行阅读理解：①大书导读，教师引导。课前我自制了一本《小蝌蚪找妈妈》的大书，运用导读引导幼儿按照一定的顺序观察画面，教师边讲故事边指出相应的画面，帮助幼儿建立图画与口语的关系，培养幼儿规范化的语言，初步理解故事内容。②幼儿自由阅读，相互探究。教师导读后幼儿自由阅读，教师注意观察，根据幼儿的阅读情况分层指导，对于基本能正确读懂内容的幼儿，建议他们想象角色的对话，把故事连起来完整地讲一讲，对于不明白某些情节的幼儿建议他们看看前后的画面，推理一下故事的内容，或与他人交流探讨一下，或者来问问老师。

（3）精读理解，感悟学法。俗话说"教无定法，贵在得法"，根据教材的结构和幼儿的年龄特点，我精心渗透了学法指导，侧重培养幼儿对本作品的理解，重点围绕小蝌蚪与几位动物妈妈的对话展开讨论："小蝌蚪和几位动物妈妈之间说了什么，它们的心情怎样?"接着我让幼儿扮演故事中的角色。用眼看，动脑想，动口说，多种感官积极参与表演，这样化静为动，化难为易，层层深入，步步逼近，无疑降低了教学难度。

(http://www.yejs.com.cn/HtmlLib/14131.htm)

点评：

与上一篇说课稿相比，这篇说课稿更接近一般性的园本教研活动时的说课情况。整篇文章层次清楚，语言简洁，形式规范。

练习

写一写

根据平时教学内容，写一篇说课稿。

完成练习

第八章　教育研究类实用论文

一、观察记录

文体说明

　　观察记录是观察者按照预先规定的、统一的记录方法，对观察结果作明确、周密、详细的记录。

　　幼儿教师的观察对象主要有"儿童""环境"和"教育活动"，而教师对儿童的观察是贯穿始终的，这意味着儿童是教师的核心观察对象。

　　幼儿园现行的观察记录大多是参考了档案记录法。档案记录（Documentation）被翻译为儿童活动记录或各项儿童活动整理记录，它是在自然条件下观察被研究对象，如实记录研究对象的行为表现，并在对研究对象的行为记录进行分析的基础上，发现问题、寻找原因、改进教育行为的一种方法。幼儿园的观察记录目的也在于教育者发现存在的问题，逐步改进教育，最终促进儿童健康发展。因此结合档案记录，观察记录就不只是纯粹的活动记录了，它的使命是让教师在关注每个儿童时，能更好地遵循《幼儿园教育指导纲要》的精神，让它更有利于针对每个儿童的教育和对特殊儿童的行为矫正，让教师自主、深入地去寻求、掌握观察儿童的方法，提高观察的敏锐力，真正把"因材施教"落到实处。所以它体现的是被观察者的一系列发展进程，也体现了教师与儿童互动、儿童与儿童互动、家长与教师互动，是真正的师生互动、生生互动，从而提高教学质量。

记录的内容可以是活动过程中的客观记录与分析，可以是"童言稚语"或是思维的"异想天开"，可以是幼儿的作品，也可以是幼儿的"肺腑之言"。

记录手段有纸笔记录、录音记录、照相记录、作品记录等，有时还采用摄像记录。

开展幼儿行为观察的方法多种多样，通常有以下几种：日记法、轶事记录法、样本描述法、时间取样法、事件取样法、检核表、评量表等。在工作当中，一线教师因为受客观条件的制约，可依据观察对象和状况的不同，选择不同的观察方法。

1. 随机记录

随机记录是将自然情景中幼儿有代表性的行为记录下来，对象可以是一人也可以是多人。记录幼儿的行为时，选择可以引起我们思考的内容，要记录幼儿行为发生的时间、当时的情景以及幼儿的主要反应。此外，教师自己也是与被观察者有互动关系的人，自己的行为包括所说的话和做的动作也要据实记录。

2. 即时记录

这种记录主要是在团体活动与幼儿直接交流时使用，包括在小组谈话或集体谈话时即时记录幼儿的言语。教师可以选择关键词、图示或文字记录内容。

3. 记录孩子的作品

教师用文字把幼儿口述的各类作品内容记录下来。对于幼儿的绘画作品以及收集资料、调查研究、访问专家时用自己的方式（如符号）进行回忆表征的作品，教师可直接在作品的旁边做文字记录。对于幼儿泥塑等立体作品，教师可拍成照片并记录孩子的有关口述。

观察记录后，教师都会对观察结果进行及时分析、作出判断，以便及时调整游戏材料和采取相应措施。如能当场处理就当场处理，有问题的事后分析后再采取相应的措施，为幼儿提供适时、有效的帮助和指导。

基本格式

1. 观察对象及时间

（1）观察对象：表明观察的是某一幼儿，还是在某一特定情境下的幼儿群体的表现。第一种，直接写姓名，如"观察对象——幼儿××
×"；第二种，先写明情境，如"数学区幼儿活动观察记录"，再写分别观察了哪些幼儿。

（2）观察时间：一般写某年某月某日，也可以更具体地写上几点几分。

2. 观察目的

通过本次观察，希望能解决某方面的问题。只有明确了解观察目的，才能在观察过程中有意、完整、具体地进行记录，根据观察记录再采取相应的措施，从而达到解决问题的目的。

3. 观察实录

在记录过程中要注意如实记录幼儿的表现。这是幼儿真实情况的表现，教师不要将自己的想法强加进去，以免影响观察的效果。无论好坏，但记无妨。从而使观察记录真实化。

4. 分析

无论幼儿在观察过程中表现是好是坏，都要仔细分析，找出原因。

5. 采取措施

根据具体情况、幼儿的个性特征、家庭教育等，考虑加强或改善哪些教育行为，制订或调整哪些教育计划，从而有针对性地促进幼儿全面发展。

写作要领

1. 要实事求是，据实记录

教师在观察时，应把自己当作局外人，把自己还有幼儿的行为、语言都如实记录下来，只有这样，才能获得真实、生动、具体的资料。

2. 不能干扰幼儿

只有在自然状态下的表现才是最真实的，特别是在日常点滴中，更要避免因记录而干扰幼儿的活动，否则记录只会流于形式。

3. 不能喧宾夺主

观察记录只是为教育服务，不能为了记录而影响正常的教育教学活动。有的教师为了记录放弃了对幼儿的指导，这就违背了观察记录的初衷。

范例一

观察对象：幼儿任晓芸

观察时间：2016 年 12 月 28 日

目的：帮助孩子学会自己穿脱衣服，要求孩子努力做到自己的事情自己做。

观察实录：

午睡时，任晓芸脱掉鞋子、外裤，坐在床上开始脱衣服，先将头往下缩，衣服往上拉，拉了一会儿脱不下来，再拉袖子，由于两手配合不熟练，最后还是脱不下来。旁边有同伴看见，开始帮她脱，由于用力不对，还是没有脱下来。最后请求老师帮助。分析：

从观察中看出，任晓芸平时在家根本不用自己脱衣服。原因有二：

1. 家长包办代替太严重了，在家里她母亲都代她做了，因此觉得不会做时便让老师和同伴代她做。

2. 孩子本身依赖性太强，一遇到困难就退缩了，影响了她的动手能力。

措施：

1. 帮助任晓芸学会穿脱衣服，先教她正确穿脱衣服的方法，利用课间休息或游戏时间让她练习。

2. 和家长联系，告知孩子在园的情况，争取家长配合。

后续：

过了一星期，再次观察任晓芸，发现有明显进步，但穿脱衣服的动作还是不熟练，鼓励孩子继续努力，再次与家长联系，不放松对孩子的要求，以鼓励、表扬为主，提高练习的积极性。又过了半个月，家长高兴地告诉我："她现在在家自己穿脱衣服了，再也不要我们帮助了。谢谢老师。"看到孩子的进步我也很高兴，但马上我又为任晓芸制定了下一个目标：提高动手能力，为同伴做好事，继续进行观察。

点评：

对象和时间明确，方便跟踪记录和以后查找。围绕目的来观察、记录。分析造成这种现象的原因，以便确定措施。措施明确了做法和帮教时间，切实可行。"后续"写明采取措施后有什么效果、对措施有无修改、最后效果如何、是否解决了这个问题，便于查找资料。

范例二

故事后的思索（《阿凡提》）

背景分析：

文学是以生动形象的语言塑造人物形象和情节的艺术，对幼儿的情感发展有重要影响。幼儿园中的文学艺术教育主要是通过听故事、听童话、朗读诗歌等形式进行的。近阶段，依据幼儿的特点和兴趣，也基于文学作品在幼儿情感发展中的价值，我选择了《阿凡提》这个故事。

实录：

听完《阿凡提》这个故事之后，孩子们都被"阿凡提"这个人物所吸引，都十分憎恨"管老爷"，讨论着自己将来要做什么样的人。借此时机，我出示面具说："孩子们，今天老师给你们准备了人物面具，请你们来演演故事中的'阿凡提'和'管老爷'，你们觉得怎么样？"大家异口同声说："好。"可是谁也不愿意扮演"管老爷"，都想当"阿凡提"，这可怎么办？经过一番商讨之后，终于确定了人选：曹焕俊扮演"阿凡提"，钱桦捷扮演"管老爷"。

表演开始了，最精彩的部分是两个人的对话：

管老爷（钱桦捷扮演）："阿凡提，有人说你很聪明，如果你回答不出我的问题，我就杀掉你。"

阿凡提（曹焕俊扮演），静静地听着。

此时的阿凡提流露出一副胆小怯懦、害怕的样子，管老爷却是一副欺压百姓、凶狠狠的样子。

管老爷："你知道天上的星星有多少？"

阿凡提："天上的星星和你的胡子一样多。"

管老爷："你知道我的胡子有多少？"

阿凡提："你的胡子和小毛驴尾巴上的毛一样多。"

管老爷很生气地说："我要杀死你。"

阿凡提哈哈大笑，说："我早就知道了，我哪一天死，你比我晚一天也一定会死掉。"

此时的阿凡提流露出一副天不怕、地不怕、昂首挺胸的模样来显示自己的胆大、勇敢；管老爷吓得浑身直哆嗦。

两个孩子戏剧性的表演让坐在下面的小朋友迫不及待，好多孩子都纷纷举起小手想上来表演。我问他们："你们想做哪一种人？为什么？我们在平时应该怎么做？"经过讨论，孩子们都说：想做阿凡提，因为他喜欢帮助人，会有好多人喜欢他，愿意和他一起玩；都不想做欺负别人、人人讨厌的管老爷。因为他欺压百姓，就像平时有的小朋友和同伴们吵架一样，大家都不喜欢和他玩，这样就会失去好多朋友。

思考：

任何一个故事的背后都隐藏着丰富的教育价值，关键是看教师如何去引导孩子理解故事所体现的深层内涵。而儿童文学作品通过创造性的表演，不仅促进了幼儿创造性和主动性的发展，而且童话、故事以文艺形式生动、形象地反映典型生活，对幼儿更具感染力。通过表演加深了他们对文学作品的理解，更深刻地体会人物的思想感情，并受到熏陶和感染，更易于培养幼儿良好的品德。

在我们的日常活动中，故事无时无刻地伴随在孩子身边，但有时故事就像一朵白云、一阵轻风在孩子身边闪过，没有留下任何痕迹。看过、听过，然后忘记。就这样，那些经典的故事图书也就显得毫无意义，故事背后的教育价值也就体现得不尽完美。《阿凡提》这个故事，幼儿通过创造性的肢体语言和形象的口语表达来再现故事内容，不仅培养了幼儿良好的品德观，而且还让他们懂得了如何去和周围的同伴交往，培养了他们的社会交往能力，对于激发幼儿的创造性与想象力也具有重要的意义。

点评：

本文的背景分析其实记录了选择这个观察对象的原因和观察的目的。因为记录只是把做法记录下来，究竟为什么这样做呢？如果不记下来，就很容易忘记了。如果观察时还不明确为什么要这样做，可以在课堂实录后再补充。如果课堂实录比较长，建议抓住"亮点"来记录。如此例中的"亮点"在于孩子的创造性演出，教师对这一部分作了详细的描述，其他只做简单交代。

范例三

数学区幼儿活动观察记录

目的	观察幼儿对材料的兴趣以及参与情况		时间	9 月 13 日
材料	幼儿姓名	活动效果		
连线	李文浩	点与物的对应连线较好，立方体、长方体、圆锥的连线不理想		
数物对应	戚国远、周莎	基本完成：数字 2 对应拿 2 条鱼等		

目的	观察幼儿对材料的兴趣以及参与情况	时间	9 月 15 日
材料	幼儿姓名	活动效果	
连线	罗兵	完全正确，速度较快	
连线	王智溢	能够找到相对应的物，如"2＋3"中"2""3"都能找到，但是结果在小数字内能够算对，超过 10 就有困难了	
图形	朱茵婷	把形状、颜色一样的图形分别找出来	

目的	观察幼儿对材料的兴趣以及参与情况	时间	9 月 22 日
材料	幼儿姓名	活动效果	
连线	夏天	"5"，当中是5，要求幼儿在两边写出与"5"相邻的数字，夏天写了"6、7"。小数字"2、3、4"的相邻都能写对，"5"以上基本错误	

目的	观察幼儿对材料的兴趣以及参与情况	时间	10 月 11 日
材料	幼儿姓名	活动效果	
连线	汪磊	完成得很好，速度也相当快	

目的	观察幼儿对材料的兴趣以及参与情况	时间	10 月 18 日
材料	幼儿姓名	活动效果	
连线	杨振民	能够根据钟的指针正确说出总和	

分析：这里记录了部分幼儿的活动情况。每次去数学区的孩子都会选择连线，而且会玩好几次。对数物对应的材料也比较感兴趣。对图形的兴趣不大，每次选择图形的较少。钟的材料，似乎太简单了，孩子只玩一下就没有兴趣再玩
对策：调整部分材料

点评：

这是一份表格式的记录，是取样观察法常用的记录方式。教师的观察目的是要了解幼儿对材料的认识和参与活动的情况，因此不可能看一两次就下结论。这里也只是选择了一小部分记录，实际记录超过20份。

此例的分析欠具体，应该分析孩子为什么会选择连线和数物对应的材料，为什么对图形不感兴趣，问题是出在材料上还是玩法上。措施也不明确。要去掉的是哪些材料？新加哪些材料？要以什么标准去选择材料？只有回答了这些问题，观察记录才有价值。

范例四

2016 年 2 月至 2016 年 6 月

幼儿姓名：吕俊杰　班级：大（二）

情况分析：

俊俊是全园闻名的"新闻人物"，相对于同龄儿童来说，他表现欠佳，如：无缘无故打人，抢玩具，欺负同伴，不爱学习，常搞破坏等。尽管老师们花了大量的时间和精力，采取了多种教育手段，但收效甚微。通过家访，我们了解到：俊俊在一岁时，被开水烫伤，光医药费就花了将近十万。他的父亲没有工作，整天在社会上混，经常不回家，即使偶尔回来也从不管孩子。孩子基本上由母亲一人抚养，由于妈妈也没有工作，再加上身体不好，孩子因此就缺少管教，逐渐使他养成了"没有人能管我、唯我独尊"的性格。

学期总目标：

通过创设"小老师""小帮手"等机会，逐步增强俊俊的自控能力，培养他的纪律性；在活动中，正确对待孩子的攻击性行为，积极发挥他的长处、肯定他的优点，使俊俊成为小伙伴都喜爱的好朋友、好榜样；通过与家长交流，取得家园教育一致，并让家长理解和支持教师的工作。

第一阶段目标、措施：

目标：逐步增强他的自控能力，培养他的纪律性。

措施：通过老师对孩子的观察，分析俊俊攻击性行为的动机，对俊俊少批评多鼓励，正确对待俊俊的攻击性行为。

3月17日

俊俊是我班的淘气鬼，也是全园闻名的"皮大王"，手脚一刻不闲，屁股坐不住小椅子。上课时，爱做小动作，一会儿碰碰积木，一会儿又惹惹小朋友；活动时，更是横冲直撞，毫无约束。一天之内，告他状的小朋友接连不断："老师，他打我""老师，他抢我玩具""老师，他推我"……只要有他在，教室便不得安宁。这一天吃点心时俊俊又管不住自己，将别的小朋友洒得满头满脸都是牛奶。被洒的小朋友委屈得大声哭泣，他却看着自己的"杰作"，乐得大笑。我又气又恼，真想狠狠训他一顿，然而理智迫使我按捺住心中的怒火，耐心地说服教育："牛奶是营养品，是工人叔叔、阿姨饲养奶牛挤出牛奶，经过辛辛苦苦劳动才得到的，能浪费吗？小朋友之间要互相友爱……"他默默地低下头，看似有所触动，我也暗喜这一次终于收到成效……

4月3日

俊俊非常敏感，他往往会对外界的各种刺激做出过度反应。他的攻击性行为一方面是为了引人注意，一方面似乎是为了发泄自己的不满情绪。如：饭菜太热时，他会莫名其妙地打别人；散步时，他会突然去撞前面的同伴；画画时，他会冷不丁地在别人脸上画一条线；高兴时，他会突然打别人一拳……问他为什么这样做，他说不知道。问他对不对，他会承认不对。

第一阶段小结：

看到孩子这段时间的表现，我认为他的攻击性行为主要是自我控制能力不强而表现出来的无意识的失控行为。针对他的这一特点，我认为如果过分关注他，只会扩大他的问题和缺点。如果就此采取一些特别的措施，反而会使他感到自己与其他小朋友不一样，是个不好的典型，从而更加导致他不能与同伴友好相处。因此，在他出现无意识失控行为时，我会设法加以阻止，但绝不斥责他，也不实施压服教育，以免因自己的主观臆断而伤害他。然后，再找合适的机会，了解他的行为动机，耐心地告诉他同伴间的相处之道，暗示他努力改正缺点。当他稍有进步时，我便马上大张旗鼓地予以表扬、鼓励，让他逐步感受到老师对他的爱和信任。另外，我认为俊俊表现出来的许多行为特征可能与成人的过多关注有关。他已习惯成为人们注意的焦点，一旦别人不注意他，他就会感觉被忽视，就会做出一些过激反应（包括侵犯行为）以引人注意。所以，我常常"故意"不去关注他的举动，逐渐使他也"忽视"自己。

第二阶段目标、措施：

目标：树立俊俊在集体中的威信，让同伴真正亲近他、接纳他。

措施：不在同伴面前损害他的自尊心，注意挖掘他的"闪光点"。通过运用各种方法，有意识地树立俊俊在集体中的威信。

5 月 9 日

今天户外活动时，俊俊站在台阶上挥动着手臂，很神气地学交警指挥车辆。我走过去对他说："你做得真好，真像一个小警察。现在，老师和几个小朋友当司机和乘客，你当警察，我们一起来玩一个游戏。"他听了我的话，用兴奋的眼神望着我，然后又不好意思地低下了头。我鼓励他说："你看小朋友都在等着你做游戏呢，我相信，你一定是一个能干的交通警察。"

在我的鼓励下，他很快投入了游戏。在游戏中，我以角色身份不断给他以鼓励，直到游戏结束时，他都始终坚守岗位。对他的表现，我及时地给予了表扬和鼓励，孩子们也纷纷鼓掌向他表示祝贺。

6月5日

俊俊的攻击性行为使他和同伴之间的关系不太协调，小朋友常常出于害怕而疏远他，满足不了交往需要的他便只好以新的攻击性行为来引起同伴的注意，如此这般形成"恶性循环"。

为此，我尽量不在同伴面前损害他的自尊心，注意挖掘他的"闪光点"。如当他带来蜘蛛侠玩具时，我就专门请他介绍、演示玩法并指导同伴玩；当他把散了好久的拼图整理好时，我便夸他手巧，让全班小朋友向他学习；当他从家中带来自己做的手工作品时，我就立即把它装饰在教室里。通过种种办法，使他逐渐树立自信，感受到集体生活的快乐。

学期小结

通过计划的一步步实施，这个孩子渐渐地变了，他不仅渐渐地改掉了以前许多不良的行为习惯，而且还经常帮助老师拿送各种游戏教具、摆放桌椅、主动帮助阿婆收拾碗筷等。由此可见，老师通过种种办法可以改变孩子的不良行为，可以让他在孩子们中间拥有一定的威信，让大家真正地亲近他、接纳他。

（本文选自儿童教育网）

点评：

这是一篇为期一个学期的跟踪记录。跟踪记录是教师针对某个事件或对幼儿的某一方面的行为进行跟踪观察所作的记录。这些记录目标明确，针对性强，有利于教师了解某方面的情况，解决某方面的问题。跟踪记录应该多做，每月只做一次记录是没有什么效果的，很难分析孩子行为的原因，同时也很难得出合适的处理方法。

这是成功教育的范例。幼儿的神情、行为，教师的做法都一一详细记录下来。但应注意在记录时失败的事例与成功的事例同样重要，都应该如实记录。

此外，此记录有部分带有教师的议论评价，并不符合观察记录的要求，应该客观地记录这一天俊俊的攻击性行为和教师的处理方法，其他应删去。第一阶段的小结应分两部分：一是根据观察记录分析俊俊攻击性行为的原因；二是对照目标、措施小结情况，为第二阶段的教育提供依据。

练习

写一写

请选择一次幼儿的争执事件做好观察记录。

完成练习

二、教养笔记

文体说明

　　教养笔记，这里主要指幼儿园工作的教养笔记，是教师对日常工作过程中，特别是保教事件的记录，通常附有心得体会或初步反思等。这类文章没有严格的格式要求，叙事性强，篇幅不限，但它既可以作为观察的详细过程记录，也可以作为教育反思写作的素材，是值得推广的教育研究类实用文。

基本格式

　　教养笔记属于叙事类文体。常见的写作思路是：

　　（1）事件的总概述。

　　（2）事件具体的过程描述。

　　（3）主要的心得体会或初步的反思。

范例一

事情的真相

作为一名幼儿园教师，我自认为很了解孩子，熟悉班里每一个孩子的性格特点，然而前不久发生在区域活动中的一幕改变了我的想法。

"医院"里，"医生"在给"病人"开药，"护士"在给"病人"打针，一切井然有序。不一会儿，原本在"商店"游戏的凯凯闯进了"医院"。想起凯凯平时的淘气，我立马断定凯凯又要来打扰别人了，于是我马上走过去请凯凯离开"医院"，不要打扰别人。凯凯有些不情愿，嘴里嘀咕着："我朋友生病了，我是来医院看他的！"我愣住了，凯凯原来是要去看望"病人"。这时我才发现凯凯手上拎了一包刚从"商店"买来的东西。我意识到自己错怪了凯凯，为了弥补自己的过失，我连忙对凯凯说："哦，是这样啊，我也想去看望病人，我们一起去吧！"凯凯开心地拉着我走向"医院"。

凯凯的事让我醒悟：静下心来倾听孩子，孩子的世界原来是如此美丽、纯净！从此以后，遇到类似的情况时，我不再冲动，不再自以为是，而是试着去了解孩子，读懂孩子。

又一次区域活动，"美味吧"的达达接到一个电话后就端着一盘"蛤蜊"跑向表演区……我不明白他想干什么，但我没有打扰他，只是悄悄跟着他来到表演区，终于了解到事情的真相：原来，达达接到了表演区雯雯的订餐电话，他是去表演区送餐的。

……

由此可见，孩子那些看似不可思议、不能理解的行为背后是有合理的理由和美好的愿望的，所以，我们要静下心来倾听孩子的心声，了解孩子的行为，避免冲动、臆断。

点评：

这篇教养笔记叫"事情的真相"，通过记述区域活动中发生的幼儿串区现象，揭示出串区背后的原因。题目简单但能吸引读者。第一个事件记录较详细，既有事件发生的地点、人物，也有相对完整的过程。第二个事件是概述，也是对教师初步反思的进一步证明。最后是教师感受的记录，可以看作是初步的反思，是典型的事件型教养笔记。

范例二

从哭到笑

小班幼儿入园已快两周了，阳阳仍旧每天大哭着来到幼儿园。我上去抱他："阳阳，别哭了，我们去玩积木吧？"阳阳却哭得更大声了。

从入园第一天起，阳阳每天来园就大哭大闹，似乎对我们组织的任何活动都不感兴趣，我们与家长沟通得知，阳阳在家也经常大哭大闹，父母对此束手无策。

一天，我给孩子们讲了《拔萝卜》的故事，本来坐在椅子上大声哭闹的阳阳看到视频里老公公和老奶奶唱"嘿呦嘿呦拔萝卜"，竟然拍起手来，还带着哭腔轻声哼着："拔萝卜，拔萝卜，嘿呦嘿呦拔萝卜……"观察到阳阳这一可喜的转变，我想阳阳对于拔萝卜的动作感兴趣，也许这是转移他注意力的契机。于是我特意请阳阳做拔萝卜的动作，阳阳就将两只手前后摆动着做拔萝卜状，我和全班孩子一起为阳阳鼓掌。阳阳竟然不哭了，过了一会儿，他便自然而然地和其他孩子一起边做拔萝卜的动作边唱着"拔萝卜，拔萝卜，嘿呦嘿呦拔萝卜……"，似乎从中找到了自己的精神寄托，适度缓解了焦虑情绪。

为了继续保持阳阳对表演的兴趣，我在班级小舞台投放了《拔萝卜》的音乐、头饰、相关道具及辅助材料。几天来，阳阳虽然早上依旧哭着来幼儿园，但每当听到《拔萝卜》的音乐声，他都会停止哭闹跑到小舞台表演。

一天，小舞台又开演了，小演员们都穿戴好了服饰，准备表演了。这时阳阳依旧哭着走进活动室，他边哭边喊："拔萝卜，我也要拔萝卜！"嘟嘟说："我们人都满了，你明天再来表演吧！"阳阳听了，边哭边跺脚："老师，拔萝卜，拔萝卜！"依依在边上说："哭的人我们不要的！"这时，我上前对阳阳说："阳阳，这样吧，你先和老师一起看他们表演，等你不哭了再表演，好吗？""好的，我不哭。"说着，阳阳擦干眼泪坐到观众席观看表演。

第二天，阳阳比平时早来园了，他跑进活动室探头看着我，说："老师，你看，我没哭。"我立即竖起大拇指："阳阳真棒，脸上笑眯眯的可真好看呀！"他便冲我微微一笑，自言自语道："我要拔萝卜！"边说边做起了拔萝卜的动作。我对阳阳说："你快去吧，小舞台还缺人呢。"阳阳跑过去对小朋友说："我来当老爷爷，好不好？""好！"同伴们欣然接受了阳阳的请求。阳阳和其他小朋友一起表演着《拔萝卜》。过了一会儿，阳阳开心地跑来和我说："老师，你看，我们把萝卜拔出来了！"我一把抱住阳阳，我们都开心极了。

在观察中，我惊喜地发现原本每天哭闹的阳阳通过欣赏和表演故事，情绪逐渐好转，已慢慢能转移注意力，并渐渐学会了与人交往，我及时给予鼓励和支持，使他在体验成功的同时缓解了焦虑的情绪。

点评：

这篇教养笔记与上一个例子不同，它以一个孩子分离焦虑的化解为线索，通过教师一段时间的针对性观察与记录呈现了整个过程。这篇教养笔记不仅记录了事情的起因和转折，更进一步记录下解决问题的过程，既有写作角度的范例作用，又能从事件本身对新教师有所启发，是一篇值得学习的文章。

三、教学反思

文体说明

教学反思是指教师对自身的教学理念、教学目的、教学过程以及教学工具等方面存在的问题进行反省和批判，并进行理性思考的过程。教师通过对教学的反思意识和自我监控的教学能力，发现教学实践中存在的问题并进行理性思考，最终实现课堂教学方式的转型和带动学生学习方式深刻变革的目标。教学反思是对一个真实的教育教学问题或者事件的记录与再现、反思与探讨。

教师的成长等于经验加反思。通过教学反思，可以提高教师的自我察觉水平并推动教师专业成长，改善教师教学行为，促进教师能力发展，提升教师专业素养。幼儿园倡导教师写教学反思，要求课后小反思—每周大反思—主题总反思。针对幼儿园教学活动的有效组织形成一条反思链，由浅入深，螺旋上升，在反思过程中加强课程研究，提高教学技艺。

那教师应该从哪些角度去反思呢？

1. 实话实说——写得、失

一节课下来，教学的状况教师在不同程度上是心知肚明的，教学效果抑或超乎所想，抑或不尽如人意。组织教学活动可因教师一个有趣的开头而使课堂气氛空前活跃；可因教师的一个眼神、一个手势而令故事情趣大增；可因一种新的教法而获得意想不到的效果；或者因为讲得多、坐得多而使幼儿索然无味；也会因为一个环节的疏忽而开了小差走了弯路。再者，"因"与"果"是相互作用的，不管得失成败，教师皆应实话实说，将其记录在案，以期在往后的工作中考虑更周到，操作更自如，不走弯路，少走弯路。如幼儿提出的问题，教师一时难以回答，教师课后应记录下来，日后查找资料，再补充解答。

【反思案例：科学活动——拆装圆珠笔】

在本次活动中，我没有注意幼儿已有的经验差异，所以，一些幼儿很容易就能完成整个过程，显得无所事事。我应该事先准备一些更复杂的笔，一旦出现以上情况，就可以给这些幼儿创设进一步探索的空间。另外，请个别幼儿为大家演示的时候，虽然使用了实物投影仪，但是效果还是不理想，幼儿依然看不清楚一些细小的、关键的步骤，可以用小组学习的方式，让每组会装的幼儿在组内演示。这样不仅解决了问题，加强了幼儿之间的相互学习，同时，也能够给这些幼儿带来自信。还有，在把笔拆开后，要引导幼儿加深对各个零件的认识，特别要了解圆珠笔里弹簧的作用。

2. 及时反馈——写师、生

教学过程是师生对话、互动的过程。教师的情绪，教师的举手投足，教师对幼儿、对教材的理解以及对教法、学法、教具的运用直接作用于幼儿，影响课堂气氛和活动质量。相反，幼儿的注意情况、参与程度、疲劳状态、个性特征和经验差异等也反作用于教师。二者同时存在，相互作用，彼此牵连，影响着教学的效果。因此，组织活动结束后教师应及时反馈，将师生双向的表现与活动的质量作辩证的分析，以帮助教师在日后备课、上课时能对"师"与"生"的情况作更全面的把握。如公开课效果不好，教师往往会说"这些孩子没配合好"，这里面应反思的是教师自己，你了解孩子以及他们对于学习相关内容的经验和最近发展区吗？活动中你是一相情愿还是能顾及幼儿独特的想法与感受呢？你的提问语言能够让幼儿明了你的要求和意思吗？教师要学会从自己身上找原因、求对策。

【反思案例：主题活动——春天在哪里】

在开展主题活动"春天在哪里"的初次谈话中，发现孩子们对春天已有一定的了解，经验较丰富，涉及天气、植物、动物、人们的活动等几个方面。有几个孩子能用优美的语言描述春天的美景。可是当问什么是芽，什么是冬眠时，孩子们则难以回答。因此，如何根据幼儿当前的水平帮助幼儿丰富经验，如何才能发挥幼儿寻找春天的最大能动性与创造性呢？"春天在哪里"这个主题内容复杂、头绪繁多，如果按一个线索发展可能太偏又不利于幼儿整体经验的获得和积累，而且容易掉入传统教育的模式。基于对本班幼儿的分析和思考，我想是否大胆一些，用分组的形式来满足不同幼儿的需要，几个线索同时展开，不仅能加快探究进程，而且能相互补充，让幼儿与同伴共同分享自己获得的经验？思来想去，我决定做这样的一次尝试。

3. 综合分析——写教、学

教学反思应该是说课的外延，它与说课互补，形成一个完整的"说课—备课—上课—写教学反思"的基本程序。一节课过去了，教师要从教与学两个方面来综合分析。幼儿对教学内容的兴趣和接受程度如何？教法应用如何？儿童的主动性有没有得到发挥？提问的效度怎样？处理回答和追问的方式、儿童的学习方式有效吗？环境和材料的互动效果怎样？幼儿的学习出现困难吗？幼儿学到了什么？有没有达成预期的目标……一个主题延续了一段时间，结束后教师同样要综合分析：通过这几个活动，能不能完成主题总目标预设的要求？开展的具体活动哪些比较符合幼儿的兴趣和经验，效果反应好；哪些内容幼儿缺乏兴趣、远离生活经验，效果不够理想？主题展开是如何在预设中进行有机生成的？教师如何对幼儿进行跟踪观察，激励幼儿自主探索、多元表达？再者，也可进一步反思，在主题背景下如何兼顾领域平衡……教师应对实际的教学情况进行比较分析，找出问题的关键，把影响教与学的因素综合出来，记录在教学反思中，日积月累，不断丰富自己的教学经验。

【反思案例：美工活动——做拉花】

这个活动是从我班的生成性主题"我们喜欢玩蹦蹦床"，幼儿从蹦蹦床的弹簧到观察生活中有弹性的东西引导而来，孩子们在实验过程中了解到弹簧是由没有弹性的东西——铅丝做成的。我们鼓励大班幼儿来做拉花：将没弹性的纸想方设法变成有弹性的东西，从而让幼儿进一步感知弹性，领悟事物之间的转换和变化关系，了解事物的性质和特征。

这看似小小的剪拉花活动，却包括了许多知识难点。如数学概念：折成三角形、平行的概念、几层、对等、从何处剪起等，美感：粗细、宽窄、匀称、色彩……在引导孩子学习时，要等待，成人必须学会等待！因为每个孩子身上都有无穷的潜能，有自己的创造和想象。如果一开始成人就想把自己的方法教给孩子，也许就束缚了孩子的思维空间，所以要给孩子琢磨、探究的机会和时间，让他们在一次次的尝试中积累经验，学会主动探索、认真做事。在这一系列的活动中，我告诫自己，让幼儿在前，我退位一步，竭力把想教孩子的念头一再压制在我的心底，事实证明，我做对了。

4. 找准要点——写特点

多年的教学经验告诉我们，上一节好课不容易，一节课要面面俱到更不可能。一节课能有个特色，有个闪光点，能有一种值得借鉴的好做法，就是成功的。如我市一所幼儿园有一位男教师，他上体育课用的道具材料特别简单，他善于用简单的材料创设富有情趣的游戏和学习情境，如用一根长绳围成圆圈变成"池塘"，让幼儿在"池塘"里学小蝌蚪变青蛙的过程，再把长绳变成"河"，让"青蛙"选择宽窄不等的距离"过河"等；有的教师特别注意活动中动态资源的生成和利用；也有的教师对合作学习或小组活动有独到的做法……在教学反思中就可以把这些闪光点扼要地记下，写下该活动的特点，以便日后有重点有选择地采用教法，设计教学程序，做到一课一特色，课课有特色。久而久之，有利于形成一个教师个性化的教学特色。

【反思案例：科学活动——橘子和柚子】

在这次活动中我们充分调动幼儿的多种感官，通过摸一摸、看一看、闻一闻、尝一尝来比较发现橘子和柚子的不同之处，并要求幼儿作记录。幼儿的成长有自己的发展步调，有自己独特的理解与思维方式，教师应该站在幼儿的角度去理解他们"情理之中，意料之外"的想法。如：活动中杨凯和居婷波小朋友想到了分别用画棉袄和裙子来表示柚子皮的厚和橘子皮的薄。而一向害羞的袁琦小朋友居然能带头要求自己来做记录，让我感到非常惊喜。从孩子们在活动中的表现来看，幼儿的能力并不是我们想象中的那样弱，还是很有潜力可挖的。这就要求我们教师相信孩子"能行"，还给孩子更多的自由探索的时间与空间。

5. 捕捉灵感——写遐想

常有这样的感觉：上课时原本没有涉及的内容，因实际需要或随机生成，出现意想不到的效果，给活动带来勃勃生机。课堂上的一些开放性提问能打开幼儿想象的门窗，展现智慧的火花。一些童稚趣语、幽默问答，探究性的发现、竞赛性的游戏、展示性的表现或随机生成的问题能够拓展幼儿思维的空间，帮助幼儿迁移经验，进一步丰富学习内容。如有个教师在组织关于"声音"主题的活动时，让幼儿说出大自然和生活中经常听到的声音及其作用，并区分哪些是好听的，哪些是难听的。当有的幼儿说到装修房子的声音很难听时，有的幼儿辩解说："装修时的声音很难听但住进新房子就舒服了，我们有时听到不好听的声音要忍一忍。"教师及时捕捉到这一动态生成性资源，把它写在课后反思本上，随后开展了"让我们有个好心情"的健康教育活动，帮助幼儿调整消极情绪，培养积极情感，发挥教学的教育性。有时，活动中节外生枝的小插曲也应记下来，以吸取教训。

【反思案例：音乐活动——小树叶】

讲授歌曲《小树叶》时，歌曲中有一个难点："明年春天我会回来，打扮树妈妈。"如何帮助幼儿理解这句歌词呢？小树叶落下来化作了肥料，树叶妈妈从中吸取了养料，明年春天又长出了新的叶子……这是一种多么抽象的知识，而幼儿的思维是具体形象的，那如何帮助幼儿理解这句歌词，使幼儿投入感情来演唱呢？我决定带幼儿做一个科学实验，将落叶埋在树下，过一阶段再去观察那腐烂的树叶，来理解肥料、理解打扮树妈妈这句歌词，我相信，孩子在理解的基础上再唱这首歌曲，一定会唱得声情并茂。

6. 深度反思——写建议

每次上完课、组织完活动后，教师要静下心来，思考一下这堂课的得与失，学习材料的提供、活动环境的支持、组织的方式方法，教学重点的把握、难点的分析，是否有新的生长点或者遗留点，根据自己的教学体会和幼儿反馈的信息，写写"修改建议"，可以对教材内容进行质疑或提出修改意见，也可以重点考虑某个环节应该怎样处理才更有效，一步步明确问题，寻找对策，使自我反思达到一定的深度。

【反思案例：科学活动——吹泡泡】

在组织幼儿"吹泡泡"的活动中，教师首先提问：你刚才在玩吹泡泡游戏的时候发现了什么？幼儿一般比较关注泡泡的形状大小和数量，这时教师特意提问幼儿：那你们是拿什么形状的泡泡器吹的？发现泡泡是什么颜色的？于是孩子有了不同的看法（由于泡泡本身是一种无色的薄膜，它之所以五彩缤纷，是因为它把光给分解了。肥皂泡有正面和背面，光在肥皂膜的正面和背面都会产生反射。在肥皂膜不同厚度的地方，有的光会得到增强，有的光却会减弱，甚至消失）。由于幼儿观察的角度不同，所以看到的颜色也不同。另外有的幼儿在游戏中是慢慢地吹出泡泡，因而发现了由于气流不足，导致在液体的表面张力作用下还未愈合成一个封闭的球体，泡泡那时是椭圆的。

在此活动中，要培养幼儿的质疑精神，提出问题，进行实验验证。并要鼓励幼儿敢于说出与别人不一样的看法。作为活动组织者和引导者的教师，首先应掌握科学正确的原理，以免在活动中对幼儿的表现作出片面甚至错误的评价，误导幼儿。其次教师要摈弃师道尊严的传统观念，创设宽松情境，这是让幼儿在活动中敢于提出问题、勇于发表意见的前提。同时，教师在活动中还应关注幼儿在活动中的观察，有意识地提出一些能让幼儿有不同想法的问题，多提一些这样的问题：谁有不同的想法？谁还想来发表自己的意见？鼓励并引导孩子积极的思考，这是培养孩子质疑能力的关键。

（摘自"全国首届品牌幼儿园发展论坛"《如何进行教学反思》）

基本格式

1. 教学反思的基本元素

教学反思的写作没有统一固定的格式，一般包括教学实录及对教学的反思。

从文章结构上看，反思一般包含以下几个基本的元素。

（1）背景。

反思需要向读者交代故事发生的有关情况：时间、地点、人物、事情的起因等。

（2）主题。

反思要有一个主题。写反思首先要考虑我这个案例想反应什么问题，是想说明怎样转变差生，还是强调怎样启发思维，或者是介绍如何组织小组讨论等，动笔前都要有一个比较明确的想法。

（3）细节。

有了主题，写作时就不会有闻必录，而是要对原始材料进行筛选，有针对性地向读者交代特定的内容。比如介绍教师如何指导幼儿掌握学习方法，就要把幼儿怎么从"不会"到"会学"的转折过程，特别是关键性的细节写清楚。不能把"方法"介绍了一番，说到"掌握"就一笔带过了。

（4）结果。

反思不仅要说明教学的思路、描述教学的过程，还要交代教学的结果，即这种教学措施的即时效果，包括幼儿的反应和教师的感受等。读者知道了结果，将有助于加深对整个过程的了解。

（5）评析。

对于反思所反映的主题和内容，包括教学的指导思想、过程、结果，对其利弊得失，作者要有一定的看法和分析。评析是在记叙基础上的议论，可以进一步揭示事件的意义和价值。

2. 怎样写好教学反思

对于教师来说，"反思教学"就是教师自觉地把自己的课堂教学实践，作为认识对象而进行全面而深入的冷静思考和总结，它是一种用来提高自身的业务，改进教学实践的学习方式，不断对自己的教育实践深入反思，积极探索与解决教育实践中的一系列问题。进一步充实自己，优化教学，并使自己逐渐成长为一名称职的人类灵魂工程师。简单地说，教学反思就是研究自己如何教，自己如何学。教中学，学中教。写好教学反思，应注意以下几点。

（1）写成功之处。

将教学过程中达到预先设计的教学目的，引起教学共振效应的做法，课堂教学中临时应变得当的措施，层次清楚、条理分明的板书，某些教学思想方法的渗透与应用的过程，教育学、心理学中一些基本原理使用的感触，教学方法上的改革与创新等，详细得当地记录下来，供以后教学时参考使用，并可在此基础上不断地改进、完善、推陈出新，达到光辉顶点。

（2）写不足之处。

即使是成功的课堂教学也难免有疏漏失误之处，对它们进行系统的回顾、梳理，并对其作深刻的反思、探究和剖析，今后再教学时吸取教训，更上一层楼。

（3）写教学智慧。

课堂教学中，随着教学内容的展开，师生的思维发展及情感交流的融洽，往往会因为一些偶发事件而产生瞬间灵感，这些"智慧的火花"常常是不由自主、突然而至的，若不及时利用课后反思去捕捉，便会因时过境迁而烟消云散，令人遗憾不已。

（4）写学生创新。

在课堂教学过程中，学生是学习的主体，学生总会有"创新的火花"在闪烁，教师应当充分肯定学生在课堂上提出的一些独特的见解，这样不仅使学生的好方法、好思路得以推广，而且对学生也是一种赞赏和激励。同时，这些难能可贵的见解也是对课堂教学的补充与完善，可以拓宽教师的教学思路，提高教学水平。因此，将其记录下来，可以补充今后教学的材料养分。

（5）写"再教设计"。

一节课下来，静心沉思，摸索出了哪些教学规律；教法上有哪些创新；知识点上有什么发现；组织教学方面有何新招；解题的诸多误区有无突破；启迪是否得当；训练是否到位等。及时记下这些得失，并进行必要的归类与取舍，考虑一下再教这部分内容时应该如何做，写出"再教设计"，这样可以做到扬长避短、精益求精，把自己的教学水平提高到一个新的境界和高度。

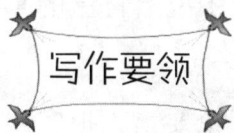

写作要领

1. 关于反思的选择

（1）反思要具有生活性与真实性。

尊重事件本来的面目，维护其高度的现场性。所有的案例都来源于真实的教育教学实践，不是凭空杜撰的，应描述事件发生的时间、地点、人物活动或者思想行为，揭示人物的内心世界，如动机、态度、假想、需要等。值得注意的是，教学案例一般都是在事件发生之后，教师凭借记忆以书面形式呈现的。如果间隔时间过长，教师对事件记述的清晰度和真实性就会降低，原本在现场的感悟一旦脱离了事件的原发情境就会失去原貌，最终导致建立在模糊事件上的反思发生扭曲，因而记录教学事件要及时。

（2）反思要具有典型性与特殊性。

所谓典型性就是教师必须选择具有典型意义的教育事件，而非司空见惯的事件，即案例要具有一定的代表性。几个事件实质上可能都反映同一类问题，一个事件也可能演绎出几个问题。因此，记录要有所选择，应该记录有代表性的、关键性的事件，进而分析、反思，提出解决问题的有效策略。值得一提的是，有的教师认为案例就是记录一些比较重大的事件，重大的事件才有代表性。其实不然，教学中的细节只要教师觉得有感悟、有启发，都可以记录为案例。

（3）反思要具有深刻性与发展性。

撰写教学案例最大的价值是教师通过反思和分析，使教育行为更加有效，从而促进专业发展。这就要求教学案例中的分析和反思有一定的深度，使教师的教育行为朝着更有效的方向发展。

2. 关于教学反思

（1）找准问题的症结，尊重自己的实践性学识，敢于说出自己的真实想法。

（2）尝试提取案例中的理论成分，从案例中分析理论要素，把实践的经验和行为提升到"说清其理论依据"的层面，从中体验教学实践经验上升为教育理论的过程，促使自发的行为转变为自觉的行动。当然这需要一定的时间，不可能一蹴而就，因为教学案例的价值实现具有长期性和长效性。

（3）要从反思中得到启示，发现问题、解决问题，对照自身的教学观念和行为，不断改进，并学会感悟案例中解决问题的思维方式和理念支撑，以不断改进自己的教学观念，提高教学素养。

（4）教学反思不要过分地集中于个别情境或者特殊问题，而应分析教学的基本特点以及值得研究的问题，注意对教学作整体的考察和深层次的分析，把握好"收"与"放"、点与面的关系。

范例一

蛋宝宝浮起来

活动背景：

根据皮亚杰的理论：活动材料是幼儿思维的基石，脱离了活动材料的探索将是一纸空谈。设法让沉在水底的物体浮在水面，浮在水面的物体沉到水底，这是大班常见的探究活动内容，我在"蛋宝宝浮起来"这一活动过程中，以"一课三研"的方式尝试投放不同材料，引导幼儿亲自实践、发现问题，进而把探究引向深入。

实践一：材料投放的种类单一，循规蹈矩

活动情景：

第一次活动，我准备了泡沫板、软泡沫、双面胶等材料若干，要求每位幼儿利用这些材料想办法使生鸡蛋浮起来。

孩子们一开始就迫不及待地拿起材料开始工作。他们有的将鸡蛋直接放在泡沫板上，可泡沫板总是左右倾斜，鸡蛋老是从板上滑落下来。"真好玩！"孩子就这样反反复复地试，乐此不疲。有的用双面胶将泡沫板和鸡蛋粘在一起，鸡蛋有点摇晃，可最终没有滚落下来！"还是不稳，再加一层好了！"他们又在泡沫板上贴了一层双面胶，这样似乎牢固多了！"这次可能行！"结果泡沫板在水上还是左右倾斜，鸡蛋依然掉了下去，实验宣告失败。有的将鸡蛋放在大块的软泡沫中，发现鸡蛋居然浮起来了，他们大声地欢呼起来："浮起来了！浮起来了！"其他的幼儿也纷纷效仿。活动过程中幼儿们的兴致的确很高，大部分幼儿都是把原来沉在水底的鸡蛋放在泡沫上面"完成任务"的！

我的分析：

为什么大部分幼儿的操作方式都停留在简单而粗浅的水平上，缺乏从新的角度进行探索？我的分析是：本次活动重点仅仅局限于通过实验发现可借用有浮力的泡沫使鸡蛋浮起来这一个结果，对于大班幼儿而言过于浅显，活动也不具有吸引力和挑战性！我所提供的主材是一块大的泡沫，幼儿不用太动脑筋就会把鸡蛋放在上面，完成任务，这限制了幼儿的活动和思维。

《幼儿园教育指导纲要》强调："提供丰富的可操作的材料，为每个幼儿都能运用感官、多种方式进行探索提供活动的条件。"我认为：在活动中，材料越丰富，选择余地越大，幼儿想象的空间也就越大，越有利于幼儿创造力的发挥。因此，应该提供足够丰富的材料。

实践二：材料投放得过多过杂、相互雷同

我的调整：

基于上述分析，第二次我将活动的重点由结果转至探索与发现的过程，增加了材料的种类与数量，丰富了关键材料与辅助材料，加大了材料的难度，提供比较小的泡沫，使其不能承载一个鸡蛋的重量。我把幼儿分成四个组，每组都投放相同的材料，如：绳子、双面胶、透明胶、软泡沫、泡沫板、布、纸等。

活动现场：

活动开始时，各组首先想到的都是用绳子把泡沫与鸡蛋捆绑在一起，我们称它为"捆绑式"。接下来，有的小组看到还有剩余的材料可以利用，想到用软泡沫把鸡蛋包起来，再用双面胶或绳子结结实实地捆扎起来，就像一个"蚕宝宝"似的，我们称作"包裹式"。有的则将布打开平铺在水面上，再在布的上面放一块软泡沫，俨然就是一张水上沙发，最后再将鸡蛋放在"沙发"中央，鸡蛋就稳稳地浮在了水面上，我们称作"沙发式"。

我的分析：

面对这次活动中出现的幼儿各组方法雷同的现象，我的分析是：本想给每一组相同的、充足的材料，多给幼儿一些选择的机会，让幼儿能按自己的想法和方式解决问题，但结果却事与愿违。各组材料的相同也导致了幼儿之间的相互模仿，出现"双胞胎"的情况。这两次活动材料的投放从一个极端走向了另一个极端，材料内容从单一变为了丰富多样，但忽视了幼儿的个别差异和他们真正的需要。

实践三：材料投放的多元化、有的放矢

我的调整：

《幼儿园教育指导纲要》指出："尊重幼儿在发展水平、能力、经验、学习方式等方面的个体差异，因人施教，努力使每一个幼儿都能获得满足和成功。"这提示我在投放材料时要根据幼儿能力的不同提供操作难易程度不同的活动材料，做到有的放矢，这样幼儿就可根据自己的能力选择不同的操作材料。由此，在第三次活动中对材料的投放策略一是有针对性地提供两类材料。一类是具有多种组合的可能性材料，供能力较强的幼儿自由地用自己的方式操作、改变、组合它们，去解决问题；另一类则是直接材料，由能力较弱的幼儿选择适合自身的各种材料，通过摆弄操作去感知思考，寻求答案。策略二是有目的地控制材料的具体类别，每组给予不同的材料。

活动现场：

第一组获得的主要材料是筷子与橡皮筋。他们先将两根筷子平行放在盆沿上，再把鸡蛋轻轻放在两根筷子之间，这样鸡蛋就被两根筷子架在了半空中。"是吗？是浮在水面上的吗？它们隔水面这么远？"第二组则要想办法利用鼠标垫、一次性塑料勺子、塑料夹子等材料。刚开始他们将鸡蛋放在塑料勺子中，可勺子不断地翻倒。接下来他们又在勺子的边沿夹上夹子加大面积，还是不行；最后，他们将鼠标垫剪成一小块，用夹子把它夹在勺子的边沿，这样勺子的边沿幅度加宽加深了，再将鸡蛋放在勺子中，成功了！

第三组面临的挑战是有限的材料——筷子和泡沫板。一拿到筷子与泡沫板，他们首先就是在泡沫板的四周插上筷子，围成了一个栅栏，将鸡蛋放在中间，鸡蛋滚来滚去的，老把泡沫板弄得个底朝天。后来他们先将鸡蛋放在泡沫板中间，又用筷子沿着鸡蛋沿插下去，为鸡蛋造了一个"监牢"，将它困在中间，让它一动不动。这下鸡蛋终于听话了！

第四组得到的材料是泡沫、塑料夹子、一次性桌布。开始时他们就将生鸡蛋放在泡沫板中间，结果不是板翻了，就是鸡蛋自己滚下去了，总是不行！他们又将泡沫板拿出平放在桌上，再把鸡蛋放在板中间，然后在上面铺上桌布，用夹子沿边夹上，就像一个饺子似的，而鸡蛋就是饺子的馅！这种方式是不是该叫作"饺子式"了？

我的分析：

在第三次活动现场我看到了两种成功，一种是结果的成功，另一种则是过程的成功，这种成功的幼儿虽然结果失败了，但在整个活动过程中，这些幼儿都始终处于一种兴奋的状态，并且他们想尽办法去解决问题，收获更多，这时结果对于他们来说就不是那么重要了。

我的收获：

综观三次活动，材料不一样、过程不一样、结果也不一样，使我对活动材料投放与幼儿活动有了新的认识。

1. 投放多样的活动材料——关注幼儿多种经验

科学探究活动中应有目的地投放多样的活动材料。多样的活动材料让幼儿有了更大的选择空间，幼儿可根据自己的喜好与需要，选择各种材料，按自己的经验操作、改变、组合使用材料，获得不同发现和收获。

2. 提供不同层次的活动材料——满足每个幼儿需要

异中求同，投放不同的材料，让幼儿解决同一问题，为幼儿提供产生与众不同思维的机会。同一阶段的幼儿发展水平也存在差异，要根据幼儿的个体差异，提供适宜的不同层次的材料，让每一个幼儿都能在活动中有所收获。材料的投放不能"一刀切"，应该通过观察、评估幼儿的发展状况，预先做好思考，为不同发展水平的幼儿提供相应的材料。

3. 有控制地投放材料——关注活动过程意义

同中求异，有控制地限量投放同类材料，让幼儿经历用不同的方式使用材料解决同一问题。投放材料仅考虑材料数量多、品种全，容易导致幼儿盲目选择、无从选择。教师事先就要对幼儿操作材料的已有经验进行调查，对幼儿在实践过程中可能出现的情况或所遇到的问题要有充分的预想，以便及时地给予帮助！利用有限的材料去发现不同问题，找出不同方法，为幼儿独特的思考提供机会。

（来源:《幼教园地》，作者：杨霞）

点评：

该教师能通过教学反思，找准问题的症结，并能尝试提取案例中的理论成分，从案例中分析理论要素，把实践的经验和行为提升到"说清其理论依据"的层面，从中体验教学实践经验上升为教育理论的过程。

范例二

我还没有玩上呢

在工作的两年里我教过许多孩子，有些孩子内向腼腆，规则意识很强；有些孩子顽皮活泼，经常破坏游戏规则。但是面对老师，那些不守规则的孩子往往能够把应该遵守的规则说得清清楚楚。这是为什么呢？最近一次户外游戏中发生的事，给了我启迪。

前些天，幼儿园为每班配备了两辆摇摆车。摇摆车刚拿到班里就成了孩子们的最爱，大家都争着抢着玩。后来我班的摇摆车坏了一辆，为了减少孩子们的争抢，我便从大班临时借了一辆红色的车。孩子们看见后都很喜欢，我便与他们商量有什么办法能让每个喜欢摇摆车的小朋友都玩上，最后他们一起商定：大家要排队轮流玩，每个人都可以玩一会儿，但不能总玩一样玩具。

因为事先有了游戏规则，大多数孩子在游戏中还算比较自觉。安安玩了一会儿便让给了排在第一个的文翰玩，过了一会儿文翰也很自觉地下了车。这时，一直没有排队的达吉动作飞快地抢先坐上了车。“老师，达吉没排队”，安琪告状。“达吉，你看大家都在等着玩呢，你不排队还抢在别人之前玩，你觉得这样做对么?”我问他。“嗯……因为我想玩……”达吉有些不乐意。后来我一想，既然达吉已经坐在了车上就让他玩一会儿吧！于是我对达吉说：“那达吉你玩一会儿就赶快下来啊!”

过了一会儿，我发现排队等着玩车的孩子们都噘起了小嘴，有的还在嘟囔：“怎么还没轮到我呀……”有的孩子干脆放弃，去玩别的玩具了。“老师，达吉不排队怎么也玩了?”安琪愤愤不平。“达吉做错事了!”泽茏也跟着说。一看其他排队的孩子开始表现出不满，我便请达吉听听小朋友们对他的意见，达吉只好从车上下来了。他刚下来，一直排在后面的安琪也不管前面站了多少人，用最快的速度冲了上去，一下坐到了车上。“老师，我排了半天了。”梓慧有些着急地对我说。我连忙安慰道：“别着急，一会儿就能轮到你了。”梓慧听了这才去玩别的玩具了。

到收玩具的时间了，梓慧又来找我，她带着哭腔说：“老师，我还没玩呢!”她这么一说我才发现，由于游戏时间较短，梓慧又是按照我的要求在排队，所以还没轮到她，我已经要求收玩具了。配班老师走过来对梓慧说：“没关系，明天再玩吧!”“不行！我要玩!”梓慧坚持着，委屈得哭了起来。我正觉得很为难，不知该怎么处理时，配班老师对梓慧说："这车老师还得还给大班的哥哥姐姐呢！"这句话提醒了我，于是，我对梓慧说："梓慧一直排队呢，可是小朋友太多了，梓慧没排上，对吗？""嗯！"梓慧哭着点点头。"那梓慧就帮着老师把车还给大班的哥哥姐姐吧！"看梓慧没明白，我接着说："你可以把车开到大班呀，这样你不就玩上了吗？"她这才明白了，用手擦了擦眼泪，笑着开车去了大班。

反思：

这件事给了我很大震撼。达吉不遵守规则抢先上了车，而我当时并没有意识到我的态度其实是对达吉无意识的纵容，是对那些遵守游戏规则的孩子的不尊重。

《幼儿园教育指导纲要》在社会性方面对小班幼儿的要求是："遵守游戏和日常生活中的规则，初步学会等待、轮流等，初步体验规则的作用，逐步养成遵守规则的意识。"孩子的言行往往都是在对成人的观察中形成的，即使成人的一些无意识行为，在幼儿看来也是效仿的榜样。梓慧一直都听从我的要求，不争不抢，轮流排队，可因为时间不够造成了她没有玩成。如果这次不让她玩，那么下次她还会再继续遵守规则么？长此以往，孩子们会不会觉得老师说话不算话呢？如果老师不守诺言，孩子会慢慢地失去对老师的信任。所以我觉得，这次梓慧的要求并不过分，应该满足她，这样，孩子会感到被尊重，下次游戏时，她还会愿意按照老师的要求去做。如果我坚持收了玩具，那么梓慧会觉得不遵守规则的孩子都玩上了，而她这个遵守规则的孩子却没玩上，会从心里感到不平衡，也根本就体会不到规则的作用，那么下次梓慧可能不再遵守规则了。这也是造成孩子明知道规则而不遵守的原因之一。久而久之，孩子在这样的"轻易毁约"的环境中长大，也不易形成诚实守信的品质。

　　仔细分析，孩子出现不遵守规则的情况，原因是多方面的。一是不知道游戏规则。小班幼儿注意力保持时间短，老师在提要求时，孩子心里想的是赶快去玩，根本没有听到老师的要求。二是玩得过于投入，忘记了规则。孩子们天生喜欢游戏，一玩起游戏来就忘了其他的事，自然也就不会特意记住游戏规则了。三是自己守了规则却被不守规则的幼儿抢先玩了玩具或游戏，于是也效仿。

　　针对这些情况，我认为要想更顺利地让幼儿形成规则意识，教师首先应在游戏前用最短的时间向幼儿言简意赅地说明规则；其次，在游戏的过程中，教师要适时介入，树立正面榜样，适当提醒幼儿遵守规则，当然，如果孩子有合理的需要而破坏规则，那么教师要灵活处理；再次，教师要以身作则，如果对孩子许下诺言就一定要兑现。

(http：//www. yejs. com. cn/HtmlLib/14897. htm)

点评：

该案例并没有选择大的事件，教师记录了一件教学中有代表性的小事，进而分析、反思，提出了解决问题的有效策略。

范例三

幼儿园口语教学反思：帅的定义

实录：

　　小班的孩子们非常喜欢动画片《西游记》，尤其是几个男孩子，潘宇轩、沈聪经常唱"猴哥，猴哥"。一天孩子们又在一块边唱《西游记》的插曲边学着孙悟空、猪八戒的动作，于是我也走过去加入他们并问："你们最喜欢里面的谁啊？"几乎所有的孩子异口同声："孙悟空！""为什么最喜欢孙悟空呢？""因为他本领高强。""因为他会打妖怪！""因为他会七十二变！"……"因为他很帅！""就是，就是，是帅哥！""哈哈哈……"一句话引得所有的孩子连同我都笑了起来。我追问："什么叫帅啊？"这下教室里可算是炸开了锅。"帅就是很好啊！""帅就是很漂亮！""帅就是很多人喜欢他！"……接着我们又说到了猪八戒，很多孩子都说不喜欢他，"因为他很懒！""因为他会偷东西，偷吃人参果！""因为他很胖！""因为他不帅！"教室里一片沸腾！许多孩子随声附和！"对啊对啊，他喜欢抢美女！""哈哈哈哈哈！"……

反思：

"帅哥""酷""美女"这些时下流行的"经典词"常常会不经意地从我们成人的口中冒出，在电视剧甚至动画片中更是屡见不鲜。而当它们从孩子的口中说出时，我们常常会"另眼相看"。平常我们总会有意让孩子远离这些似乎不太适合他们年龄特点的词，觉得从他们口中说出这样的词，破坏了童真，会对他们今后有不良的影响。但是成人做出的种种"防范"的结果又是怎样呢？事实上，所有成人觉得不适合孩子，有意避开孩子的词语、事物，却都无一例外地成为孩子们闲暇时津津乐道的话题。

但是如果我们仔细想想，听听孩子的解释，不难发现，他们喜欢这些词，仅仅是因为它们出现的频率着实让人难以忘怀，并且，他们在使用这些词时也已经赋予了它新的意义："帅就是很好啊！""帅就是很漂亮！""帅就是很多人喜欢他！"那么，用"帅"来评价自己喜欢的人物又有何不妥呢？

　　我们知道，孩子的发展需要在个体发展的过程中会随时出现，一般来说，孩子忽然热衷的行为，往往是符合该年龄阶段孩子发展水平的新的需要。这时，作为教师和成人，最应该做的是关注孩子在活动中的表现和反应，敏感地察觉他们的需要，把握时机，积极引导。正如《幼儿园教育指导纲要》所指出的："教师应以关怀、接纳、尊重的态度与幼儿交往，耐心倾听，努力理解幼儿的想法与感受，支持、鼓励他们大胆探索与表达。"这样的教育思想说起来容易，在实际的工作中要真正做到确实很不易。我们常常口号式地说要走进孩子的童心世界，而碰到具体问题呢？多半是把自己的理解强加给孩子，用成人的思维方式来看待孩子的行为和言语。对于那些自认为不太适合孩子的事物，武断地想将它们与孩子隔绝，其实，恰恰是成人的这种屡屡避讳，极大地刺激着孩子的模仿欲望和好奇心。

　　好奇是人的天性，求知是人的本能。幼小的孩子们可以说个个都是好奇、好问、好探究的，他们生机勃勃，精力充沛，不知疲倦地探索周围世界。他们什么都想知道，他们的问题没完没了。人生活在大自然中，就是力图了解和认识本身所处的外部世界，并努力适应周围环境。事实证明，孩子们不可能生活在真空中，成人苦苦为他们创设所谓的"真空"，只会让孩子丧失应有的辨别和适应能力！与其让孩子带着"色彩"来"认识"这些言语和事物，不如抓住这个契机，捕捉它们，并创造条件，提供刺激，诱发经验，在孩子自身发展需要的基础上组织相应的活动，引导孩子们以平常的心态直面这些事物，满足发展的需求，保持住孩子们这一颗颗永久的好奇心！

（选自张家港市港口幼儿园网站）

点评：

这篇文章从一个"帅"字的解释入手，记录了孩子们富有童趣的语言，从而引发了教师的思考。教师的反思由一个字的使用联想到大人对孩子好奇心的阻挠，感悟到阻挠不如引导。由小见大，正体现了教学反思的意义。

写一写

请根据你上的一堂课，写一篇教学反思。

完成练习

参考答案

第一章　通知、启事和请假条

1. 通知

通　知

亲爱的家长：

　　您好！

　　我园于 9 月 14 日晚上 7：00—9：00 在操场内举办中秋游园晚会，欢迎您和您的孩子一同参加。（注：请在 7：30 以前入场）

××幼儿园

2016 年 9 月 11 日

2. 启事

广播站招聘启事

　　广播站是同学们发挥口才特长的理想部门，也是同学们为学校服务的重要机构。现招聘普通话播音员 9 名。

　　要求：普通话流畅，操行优良，有合作精神，愿为学校作出贡献。需要面试。

　　请有意加入广播站的同学准备 1 分钟的诗歌或故事朗诵（脱稿），于

9 月 7 日下午 4：30 到学校团委室集中面试。

学校广播站

2016 年 9 月 4 日

3. 请假条练习提示

可以从以下几个方面考虑：一是请假条要写清楚请假原因；二是要写明请假的起止时间。

第二章　常用书信

1. 求职信练习提示

这封求职信结构单一，全文只有一段。个人材料过于简略，没有具体的阐述。信内详细写了个人的计算机能力和干部经历，但缺少了个人专业能力的描写。

2. 自荐信（略）

3. 申请书

转专业申请

尊敬的学校领导：

本人王莹，现就读于我校文秘专业一年级（一）班。自幼喜爱与幼儿打交道。进入本校学习后，看到幼教专业学生的学习情况，深感那才是我向往的专业。所以，现申请转到幼教专业一年级。

请领导和老师慎重考虑我的请求，允许我向自己梦想的道路发展。如能批准我的申请，将万分感谢。

　　此致

敬礼！

申请人

文一（一）班王莹

2016 年 9 月 23 日

4. 邀请函

××幼儿园第一届趣味双语运动会邀请函

我园将在 11 月 20 日星期天上午 9：00 举办第一届趣味双语运动会，如不下雨将如期举行，要是下雨将推迟到下个星期天。欢迎各位家长能将宝宝带来参加我园的活动，您和您的宝宝都可以参加，幼儿园为小朋友准备了精美的奖品。

××幼儿园

全体师生敬邀

2016 年 11 月 10 日

邀请函

尊敬的家长朋友们：

您好！快乐的"六一"国际儿童节已经来临，让我们共同走进孩子们的世界，和孩子一起尽情欢呼跳跃吧！××幼儿园诚挚邀请您和孩子于 2016 年 6 月 1 日（星期四）上午 9：00—11：00 来参加我们的"家园同乐"亲子游园会。相信一定会给您带来惊喜，敬请准时参加！

附注：

1. 开幕式演出（下雨取消）；

2. 庆六一"家园同乐"亲子游园活动；

3. 请为宝宝穿上黄色园服以及便于运动的鞋子（天气热，可戴帽子）；

4. 请执活动表到各活动点参加活动，每参加完一个活动由该活动负责教师盖章；

5. 参加完所有活动后，执活动表到办公室领取"六一"礼物；

6. 因活动当天老师要准备活动，所以幼儿园不派车接送并请在家吃完早餐来园，不便之处敬请谅解；

7.6 月 1 日下午放假半天。

××幼儿园

全体师生敬邀

2016 年 5 月 25 日

第三章　家园联系册与评语

评语练习提示

练习里要改的评语语态度过于生硬，违背了写评语的要求。详细列出了孩子的不足之处，过分指出其缺点，缺少发现闪光点，不仅影响幼儿及家长的情绪，而且可能会引起他们的反感，达不到鼓励教育的作用。

第四章　会议记录（略）

第五章　计　划

计划练习提示

这份暑假工作计划没有写"开端部分"，而是把暑假单列一项。如果把"暑假"放在开端部分讲，下边第一项应当是"假期规定"，即分别说明该园对不同人员的假期规定。第二项应是关于假期加班的安排。现文中的第三、四项并不是暑假安排，而是暑假要求，因此第三项应当是暑假要求，凡是暑假中应当怎样做的都要分别写在这一项里面，包括对值班、加班人员的要求。总之，此文如果分开头部分、假期时间规定、值班和加班的安排、要求等几项来写，内容就明确了，结构也就完整了。

第六章　总　结

总结练习提示

这份总结有几个明显的缺点。一是经验不突出；二是议论少；三是比较像记流水账。修改时注意使用客观的叙述，少用描写和抒情。

参考文献

1. 罗超主编：《应用文写作教程》，广州：暨南大学出版社 2006 年版。

2. 赵大鹏主编：《应用文写作》，北京：语文出版社 2006 年版。

3. 郭冬主编：《文秘写作实训教程》，北京：高等教育出版社 2005 年版。

4. 陈少夫、丘国新编著：《应用写作教程》，广州：中山大学出版社 2005 年版。

5. 俞培志主编：《文秘应用文写作》，北京：中国劳动社会保障出版社 2003 年版。

6. 郭冬主编：《秘书写作》，北京：高等教育出版社 2003 年版。

7. 人民教育出版社中学语文室编著：《阅读和写作》（第四册），北京：人民教育出版社 1999 年版。

8. 陈子典、李硕豪主编：《应用写作教程》（第三版），广州：暨南大学出版社 2006 年版。

9. 陈纪宁主编：《现代应用文写作大全》，北京：中华工商联合出版社 1997 年版。

10. 无忧秘书网秘书论坛——写作辅导，http：//www. 51mishu. com/bbs/dispbbs. asp？boardid＝6&id＝49。

11. 应用写作，http：//jx. lwcool. com/newsfile/2006/7/5/200675＿lwcool＿9437. html。

12. 广东科学技术职业学院 "应用写作国家精品工程" 教案，http：//222.200.11.4/kean/e/wenben/jiaoan/20.2.html。

13. 中国幼教网，http：//www.my1000000.com/edu/byjhzj/0691408312063958435_2.html。

14. 快乐月亮船，http：//www.ye88.cn/Article/HTML/52811.html。

15. 哈哈幼教，http：//www.hahaedu.com/youjao/jhzj/gr/200604/9801.html。

鸣　谢

广州市安安幼儿园

广州市彩虹幼儿园

广州市昌华幼儿园

广州市多宝实验幼儿园

广州市多宝幼儿园（和平分园）

广州市广雅幼儿园

广州市光大同福幼儿园

广州市海幢幼儿园

广州市豪贤幼儿园

广州市和平艺术幼儿园

广州市市机电幼儿园

广州市荔湖幼儿园

广州市市粮食局幼儿园

广州市南方中英文第三幼儿园

广州市沙面幼儿园

广州市松州街中心幼儿园

广州市新都里幼儿园

广州市文安幼儿园

广州市珠玑幼儿园

南海盐步乔治幼儿园